西村 慎太郎 著

そもそもお公家さんってなに？

近世公家のライフ&ワーク

現代書館

はじめに

しばしば「鎌倉幕府は滅亡した」とか、「戦国大名の武田氏は滅亡した」とか、「大坂の陣で豊臣氏は滅亡した」というような表現が見られます。でも、鎌倉幕府を運営していた「官僚」レベルでは室町幕府につながる人びとが多いですし、武田氏は江戸幕府の家臣として生き続けます。江戸時代には徳川将軍家の敵と目された豊臣氏であっても、大名の木下氏（備中足守藩主・豊後日出藩主。豊臣秀吉の正室である「ねね」の兄の系統）が豊臣姓を名乗っていますし、朝廷の職員（地下官人）として豊臣氏は存在しました（後者は秀吉との血のつながりはありません）。

また、次のような文章も見受けられます。

「中大兄皇子と中臣鎌足によって蘇我入鹿が暗殺されて、父の蝦夷が自害したことで蘇我氏は滅亡した」

この一文が「お公家さん」に興味を持ったきっかけです。本文でも述べますが、蘇我入鹿がテロによって殺害され、父の蝦夷が自害に追い込まれたものの、蘇我氏は飛鳥時代・奈良時代でも朝廷の高官を務めました。そして、江戸時代の朝廷の職員として蘇我氏の末裔は残っていきました。私は高校生の頃、蘇我氏のように「滅亡したと言われているけど、実は生き残っている家」という点に興味を持ちました。ちょうど、イングランド出身のロックバンドのヤードバーズがレッド・ツェッペリンにつながるようなものですし、ブライアン・ジョーンズの精神が現在のローリング・ストーンズを支えているのと一緒です（表現として正しいかどうかは別ですが）。

江戸時代に「お公家さん」っていたの⁉
そもそも「お公家さん」とか朝廷って平安時代のものだよね⁉

このような単純な疑問は、さらに大きくなって「なんで天皇がいるの？」につながりました。この問いは中世史研究者であった網野善彦（あみのよしひこ）氏が中世の天皇の研究を行う発端として、高校教員時代に生徒から問われた「なぜ、中世の武士たちは天皇を否定しなかったの？」という質問と共通しています。

本書は天皇の存在意義を支える朝廷、その構成員である「お公家さん」について、特に近世（主に江戸時代）について記したいと思います。江戸時代の天皇と朝廷の役割については、1970年代以降の研究で徐々に明らかとなっています。そして、1989年の天皇裕仁（ひろひと）の死によって、格段に研究が深まっていきました。本書はそれら多くの研究を簡単にまとめたものです。巻末に参考文献を挙げましたので、より深く「お公家さん」を知りたい方はそちらをご覧ください。

なお、参考文献には紙幅の都合上、最低限のものしか挙げることができませんでした。ぜひ、参考文献の論稿に掲載されている別の論文も芋蔓式に当たっていただきたいと思います。

そもそもお公家さんって
なに？

目次

そもそも 1

「お公家さん」像はどこから来たのか？

そもそもお公家さんってなんなの？

公家は「お公家さん」などと呼ばれています。私はいつお公家さんという人びとを認識したのか、本書執筆に当たって改めて振り返ってみましたが、小学校・中学校・高等学校などの学校教育の中で学んだ記憶は、まったくありません。時代劇もほとんど見ないですし。多少見たとすれば、徳川光圀（とくがわみつくに）がぶらり旅する作品か、桜吹雪のタトゥーを入れたお奉行（ぶぎょう）さまが登場する作品が思い浮かびますが、それらの作品の中でお公家さんを見た覚えはありません。小説か、漫画か、映画か、ゲームかと、いろいろと考えてみましたが、いつお公家さんを知ったのか、認識したのか、やっぱり思い当たりません。

しかし、なんとなく、子どもの頃からお公家さんのイメージは漠然とあった気がします。

歴史分野と関係のない知り合いに聞いてみたら、やはりなんとなくのお公家さんのイメージはあるという。外国の方がなんとなく

「SAMURAI」や「NINJA」に抱いているイメージに近いのでしょうか。

では、そのなんとなくのお公家さんのイメージとは何か。

お歯黒をして、おでこの上の方にまろ眉があって、白塗りで、袖の広い着物みたいのを着ていて、和歌を詠んだりしていて、語尾が「おじゃる」、といったところでしょうか。今ではほとんど見かけなくなりましたが、2000 年に発行が開始された二千円札の裏面はお公家さんのイメージを身近に感じさせてくれるかもしれません。これは『源氏物語』という古典文学作品を絵画にした『源氏物語絵巻』の「鈴虫」と『紫式部日記絵巻』の一部であり、そこに描かれた男性はなんとなく私たちのお公家さんのイメージに近いのです。お公家さんのイメージがどのように作られたのかはわかりません。近代軍国主義の中で弱々しいお公家さん像が作られていったことと関係があるのかもしれませんが、このあたりはまだ、今後の研究課題となっています。

そもそも、「お公家さん」というように尊称なのか、蔑称なのか、よくわからない呼ばれ方をしている「公家」とは、どのような人

びとなのでしょうか。収録語彙数最大の国語辞典である小学館の『日本国語大辞典』を見てみましょう。「(1)（公家）おおやけ。天皇をいい、さらに天皇を中心とする朝廷をいう」という意味と「(2)朝廷に仕える人々。公家衆」の二つの意味が記されています。

本書で扱うお公家さんは（2）の意味です。朝廷については後で述べるとして、簡単に公家を定義すると、「ある時代」の日本の行政や国家運営を行っていた人びとの集団で、そののち政治権力は小さくなったものの、明治2年（1869）7月8日の明治新政府による朝廷の廃止まで存在していた人びと、といえるでしょうか。ここに登場する「ある時代」はゆる～く、ざっくりと中世（鎌倉時代・室町時代・戦国時代）と考えてもらえればよいかと思います。一方で、権力は縮小してもさまざまな権威を担っており、近世（ほぼ江戸時代）になっても江戸幕府は朝廷の機能を必要としていたことから、天皇・朝廷とともに国家運営を担ったという評価が1980年代以降の研究の主流になっています。

朝廷や天皇を支えていたというお公家さん。二千円札の裏に描かれた人物をはじめとして、なんとなく高貴な感じを受けます。彼らは生まれついての貴族なのでしょうか。実は公家イコール貴族とはいい切れません。代々朝廷内での業務を担った人びとも公家として位置づけられるからです。公家は官職（朝廷における職務の名称）と位階（朝廷におけるランキング）を持っていて、この二つセットを官位と呼びます。本書では代々朝廷内で務め、官位を持っている人を公家として論じていきます。

そもそも 2

位階は個人のランキング

お公家さんのランクである「位階」ってどんなもの？

公家のランクを示すものとして、三つの指標があります。第一に位階、第二に官職、第三に家格です。

まずは、位階の歴史を振り返ってみたいと思います。

位階とは、人びとの序列のこと。もともとは古代の公務員である官人たちの序列を表しましたが、近世では位階は公家だけでなく、各地の大名や幕府役人、神職、職人などさまざまな身分集団のランクとして機能していました。

位階の始まりは、推古天皇と厩戸皇子（聖徳太子）による冠位十二階（あるいは十二階冠位）です。推古天皇によって推古天皇11年(603)に制定されました。ちなみに元号が生まれていなかった当時は、天皇の即位した年に合わせて、推古天皇元年、推古天皇2年……と数えます。

さて、この冠位、「冠」という字で表されているように、頭にかぶる冠の色でランクを表しました。そして、徳・仁・礼・信・義・

智の順番でそれぞれを大・小に分けてランクとしました。つまり、一番上のランクが大徳、次が小徳、次が大仁……ということです。

その後、何度かの改変が加えられて、8世紀前半に親王（天皇の兄弟や息子および一族の男性）は4階、臣下の者は30階の位階制が成立しました。親王の場合は一品（いっぽん）～四品（しほん）まで、臣下の場合、トップは正一位（しょういちい）、その次は従一位（じゅいちい）、その次は正二位（しょうにい）というように正と従で分け、四位に至って正四位上（しょうしいのじょう）、正四位下（しょうしいのげ）、従四位上（じゅしいのじょう）、従四位下（じゅしいのげ）というように、さらに上と下の二つに分けました。最も低い位階は八位の下に大初位上（だいそいのじょう）、大初位下（だいそいのげ）、少初位上（しょうそいのじょう）、少初位下（しょうそいのげ）が続きますが、中世・近世では八位や初位は見られません。また位階の最上位である正一位は、死後追贈（ついぞう）（亡くなった後に名誉として贈られること）として与えられることが多いものです。幕末から明治にかけて活躍した三条実美（さんじょうさねとみ）が生前に正一位なったものの、存命中に正一位になる者はほとんどいませんでした。そのため実質的には、従一位が最も高いランクでした。ちなみに現代でも「お稲荷さん」の境内に「正一位〇〇稲荷」のような赤い幟が設置されていることがあるように、神様にもランキングが付けられています。もしかしたらみなさんも「正一位」の表記を目にしたことがあるかもしれません。

なお近世が終わって朝廷がなくなり、明治時代になっても位階の制度は残ります。大正15年（1926）には位階令が制定され、国に貢献した人に位階が与えられるようになりました。太平洋戦争終了後の昭和21年（1946）には、生存者に位階を与えることは一時的に停止されましたが、昭和39年（1964）に再開されています。位階は現代にも存在しているのですね。

そもそも

3

官職は公家の役職

お公家さんの役職である「官職」ってなに？

朝廷における職務の名称のことを官職といいます。そして現在の役所や会社の社長―部長―課長―係長などの役職のように、朝廷内部のそれぞれの役所の中にランクがあります。

朝廷運営を行う役所を太政官（だじょうかん）といいます。現在の内閣と思ってください。そのトップは太政大臣（だじょうだいじん）、その次は左大臣（さだいじん）、右大臣（うだいじん）と続きます。この３名の大臣に次いで、大納言（だいなごん）、中納言（ちゅうなごん）、参議（さんぎ）と続きます。そして、この官職に対応して位階も高くなります。例えば、太政大臣に任じられた人物は正一位（すでに述べたように正一位に昇る人はほとんどいません）、あるいは従一位の位階となります。官職と位階がマッチするようになっているので、この制度を官位相当制といいます（巻末「官位相当表」参照）。つまり、位階の低い人がトップの官職に就く、例えば「従八位下太政大臣」みたいなことはありえないというわけです。ちなみに太政大臣に進んだ近世の公家はたった７名にすぎません。

太政官の下には各役所が存在します。いわゆる現在の「〇〇省」です。ここでは一例として、大蔵省を取り上げたいと思います。内容こそ違えど、21 世紀までその名を遺した役所です（2001 年 1 月 6 日財務省に改称）。

朝廷における大蔵省は全国からの税（当時は調と称しました）を収納するとともに、工芸品の製作や管理、銭貨や度量衡（長さ・容積・重さの規定）の管理を行いました。トップである長官を大蔵卿といいます。今の省庁では「〇〇大臣」に当たる役職です。ナンバー２である次官は大蔵大輔と大蔵少輔、ナンバー３である判官は大蔵大丞と大蔵少丞、ナンバー４である主典は大蔵大録と大蔵少録です。

既述の通り官位相当制なので、それぞれの位階もだいたい決まっています。大蔵卿は正四位下、大蔵大輔は正五位下、大蔵少輔は従五位下、大蔵大丞は正六位下、大蔵少丞は従六位上、大蔵大録は正七位上、大蔵少録は正八位上と位階が定まっていました。

この大蔵省の下には典鋳司・掃部司・漆部司・縫部司・織部司の五つの役所がありました。例えば、典鋳司は金・銀・銅・鉄の鋳造、それら工芸品の製作を担いました。典鋳司の長官は典鋳正といい、正六位上相当、次官は典鋳佑といい、従七位下に相当しました。

なお、近世の朝廷には大蔵省は有名無実になりました。大蔵省が管轄していた典鋳司・掃部司・漆部司・縫部司・織部司もいつの間にか廃止されました。大蔵卿や大蔵大輔など、官職に就任する人物はいますが、実体はありません。そして、それらの官職に就いた公家とは別に、堀川氏という公家（地下官人）が一手に大蔵省の仕事を行いました。

近世になると大蔵省の仕事は、①正月の朝廷儀式で公家たちの座る畳を用意すること、②伊勢神宮や日光東照宮に派遣される天皇の使者（奉幣使や例幣使といいます）の御幣を用意することに変わっていきました。御幣とは、神様に捧げられた串に紙をつけたもの。神社の本殿前に置かれているのを見たことがある人も多いと思います。古代や近現代のように国家財政を担うような立場ではなく、堀川氏という公家が一人で仕事を行う、それが近世の大蔵省でした。

これが
私の官職
こっちが
私の位階です
五位以上は貴族、
三位以上は公卿
なので…
私は貴族
です。
大蔵卿
正四位下
この官職なら位階はこのくらい…と
決まっている（官位相当制）

そもそも 4

大名の官位（官職＆位階）

「官位」ってお公家さんだけのもの？

公家の役職を官職、ランクを位階といい、これをまとめて官位と呼びました。ところが実は、この官位を持っていたのは公家だけではありませんでした。

近世の殿様、各地の城を拠点に領地を支配した大名たちの事例を見てみましょう。彼らは徳川将軍家に仕える立場ですが、朝廷による官位を必ず有していました。万治（まんじ）3年（1660）・寛文（かんぶん）元年（1661）には官位を持っていなかった大名の多くに官位が与えられ、18世紀初頭の6代将軍・徳川家宣（いえのぶ）の頃にはすべての大名が官位を持つようになりました。官位を与えられるのは将軍への初御目見（はつおめみえ）、元服（げんぷく）、家督相続などのタイミングです。

大名に官位が与えられるまでの流れを見てみましょう。まず江戸幕府奥右筆（おくゆうひつ）が官位を受けるのに該当する人物を調査し、それを老中（ろうじゅう）たちが評議（幕府旗本の場合は若年寄（わかどしより）による評議）します。その評議が通れば将軍の決裁を経て、該当する大名（あるいはその継嗣など）に伝達されました。その後、幕府の使者が江戸幕府の京都における拠点である京都所司代（しょしだい）へ向かい、所司代より朝廷運営を担った公家の武家伝奏（ぶけてんそう）へ渡され、天皇・朝廷から官位をもらうことになりました。ここでのポイントは官位を与えるのは天皇・朝廷ではあるものの、彼らだけの手で独自に大名へ官位を与えることは幕末を除いてまったくないということです。

大名の官職として「〇〇大輔」「〇〇少輔」「〇〇守」などが与えられますが、基本的にはその大名家の先例に基づくことが多いため、同じ国の官職、例えば信濃守（しなののかみ）や肥後守（ひごのかみ）を名乗る大名が複数いることも珍しくありません。ただし、名字＋官職名がまったく同じ人物がいることは避けられました。間違える恐れがあるためでしょう。

大名に与えられた官職名は、実際の仕事とはあまり関係のないものでした。例えば幕末に大老（たいろう）を務め、テロによって暗殺された井伊直弼（いいなおすけ）の場合。直弼は彦根藩主・井伊直中（なおなか）の十四男として文化（ぶんか）12年（1815）に誕生しました。そして、兄である直亮（なおあき）の後継者となり、従四位下玄蕃頭（げんばのかみ）に任じられ、彦根藩主に就いた際、掃部頭（かもんのかみ）という官職に転じています。ここで直弼が任じられた玄蕃頭・掃部頭という官職を確認してみましょう。

玄蕃頭は、玄蕃寮（げんばりょう）という役所の長官。玄蕃寮は治部省（じぶしょう）という役所に属しており、僧侶の管理、法事の管理、外国からの使節の接待などを担った機関です。

掃部頭は掃部寮（かもんりょう）という機関の長官。掃部寮は宮内省（くないしょう）に属した役所で、宮中の掃除や儀式の設営などを担った機関です。

直弼は天皇・朝廷から玄蕃頭・掃部頭に任じられましたが、

だからといって実際に全国の僧侶を管理したわけでも、宮中の掃除をしたわけでもありません。大名にとっての官職とは、ニックネームにすぎないのです。実際に井伊家の場合は、3代藩主・直澄（なおすみ）が掃部頭に任じられたため、これを先例として、代々掃部頭を名乗るようになりました。

一方で一部の大名家にとっては、自分たちがその土地を領有していることをアピールするため、支配している地域の「〇〇守」を代々名乗る場合もありました。例えば、仙台藩伊達家は陸奥守、金沢藩前田家は加賀守、福岡藩黒田家は筑前守、薩摩藩島津家は薩摩守ないし大隅守、土佐藩山内家は土佐守を名乗っていました。

ちなみに、官位を与えられた大名は、御礼として金や銀を朝廷に収めました。それはお公家さんにとって貴重な収入源となったのです。

そもそも 5

官位をもらえた職業

お菓子屋さんも天皇・朝廷から「官位」をもらえたって本当？

羊かんで有名な「とらや（虎屋）」。

大型百貨店の地下などで「やらと」の看板を見たことがあるかと思います。あの「やらと」は「とらや」を右から左に読む書き方なので、現代の私たちにはなじみがないかもしれません。この「とらや」は、室町時代に創業した菓子屋で、代々近江大掾（おうみのだいじょう）という官職を朝廷から与えられています。大掾とは、守・介に次ぐその国の行政のナンバー３。近江大掾ですので、近江国（現在の滋賀県）で３番目に権力があるということになります。ただし、近世ではこれも通称にすぎないので、３番目に権力があるからといって近江国内で好き勝手に条例を発することはできません。例えば近江大掾が近江国の住民全員に羊かんを食べることを命じようとしても、それはできないのです（羊かん好きとしては嬉しいですが……）。

このように近世において菓子屋をはじめとした職人たちも官位

を持つことがありました。貞享2年（1685）に刊行された京都のガイドブック『京羽二重』には759名の職人が掲載されています。そのうち50種類182名もの職人が官職を持っていました（残念ながら位階はわかりません）。より正確にいえば、朝廷で正式な手続きをしたわけではない、慣例的に代々名乗る「呼名」を使っているだけの者もいましたが、とにかく官職を持っている職人が実に多かったことがうかがえます。

　この呼名とは、例えば大岡越前守だったら「越前」、井伊掃部頭だったら「掃部」と縮めた名称のことです。宝永5年（1708）江戸幕府は朝廷への正式な手続き以外に官職を名乗ることを禁じましたが呼名は認めました。この呼名であっても明和3年（1766）に全面禁止となりましたが、翌年には勧修寺・仁和寺・大覚寺という三つの門跡（皇族などが出家して入る格式の高い寺院、またその住職）の依頼によって、これら門跡が多くの職人たちに与えていた呼名は公認されることとなりました。もともと、勧修寺・仁和寺・大覚寺門跡などは出入りの職人に対して呼名を与える許可を得ていたという主張が通ったのです。今の私たちには理解しにくい点ですが、当時の職人たちにとっては、門跡寺院と関係を結ぶことや呼名を持つことへの憧れがあったのかもしれません。

　既述の『京羽二重』には、食べ物なら「菓子所」として亀屋和泉、「梅が枝田麩（スルメを酒と醤油で煮て山椒をかけたもの）」として金澤大和、「粽所」として笹屋大和が呼名で記されています。また、「鏡師（鏡を製造する職人）」の呼名として加賀田河内・人見和泉・稲村備後・植村河内が知られていました。これらの鏡師は禁裏御用、すなわち天皇やその家族たちが用いたり、贈答に用いる鏡製造をした人びとです。御用達職人というわけです。

このように、当時、呼名を含めて官職名を名乗っていた職人は医師・画師・仏師・菓子師・経師・浄瑠璃・大工・陶工・刀工など、たくさんあります。既述の「とらや」のように現在でも和菓子屋などで近世段階の官職や呼名を称している事例も見られるので、ぜひ探してみてください。

そもそも
6

公家の家柄

お公家さんの家柄である「家格」ってなに？

詳しくは次項で述べますが、公家には堂上(とうしょう)公家(くげ)と地下官人(じげかんじん)という立場の違いがありました。さらにこの堂上公家に限っては家格という家柄の違いもありました。堂上公家の家格は全部で６種類に分けられます。

堂上公家のトップの家格は摂関家(せっかんけ)です。項目９で述べますが、朝廷および国家を運営する役職の摂政・関白に、独占的に任じられる５家が存在しました。ちなみに時期によって家数の多少の変化はありますが、近世の場合、近衛(このえ)・九条(くじょう)・一条(いちじょう)・二条(にじょう)・鷹司(たかつかさ)の５家が摂関家でした。この五つの家をまとめて、「五摂家」と呼びます。

次は清華家(せいがけ)。朝廷における最高の官職である太政大臣に昇ることができる家柄です。清華家のうち、藤原氏の流れであるのは６家で三条(さんじょう)・西園寺(さいおんじ)・徳大寺(とくだいじ)・花山院(かざんいん)・大炊御門(おおいみかど)・今出川(いまでがわ)（菊亭(きくてい)）家。さらに村上(むらかみ)天皇の末裔である村上源氏(むらかみげんじ)の久我(こが)家を加えて七清華とも称します。そして、近世に成立した広幡家（八条宮智仁親王の三男に始まる）・醍醐家（摂政・一条昭良の次男に始まる）を加えた９家です。内閣総理大臣を務めた西園寺公望は清華家です。

次は大臣家。大臣に昇進できる家柄です。三条家（清華家）の一族である正親町三条（嵯峨）・三条西家、また、久我家（清華家）の一族である中院家の３家が該当します。正親町三条（嵯峨）家出身の嵯峨浩は清朝の愛新覚羅溥儀の弟である溥傑に嫁いでいます。

これら摂関家・清華家・大臣家は若くして官位が昇進し、公卿（位階が三位以上、官職が参議以上の公家）として朝廷儀式の一翼を担うことが多くありました。しかし、大臣家でも近世の大臣家が大臣に昇進した事例は６例にすぎず、太政大臣・左大臣の任官は皆無でした。

さて、ここからは平堂上と称される家格の紹介です。多くの堂上公家は平堂上に区分されます。

最初に羽林家。時期により変化が激しいですが、近世には66家の羽林家がいます。最終的には権大納言という官職まで進みます。つまり、大臣の下に当たるので、やはりかなりの高官といえます。しかし、すべての羽林家が権大納言にまで昇進するわけではありません。例えば、近代日本を作った「元勲」と評される岩倉具視を輩出した岩倉家は代々高齢になってようやく権中納言に昇進することができる程度でした。

その次が名家。羽林家同様に時期により家数の増減は激しいものの、近世には29家いました。朝廷運営の実務官僚（蔵人頭など）を経て、最終的には権大納言にまで進みます。名家は、実務官僚として朝廷儀式や文書作成に精通した家なので、年齢とともに朝廷の高官になっていくと、天皇・朝廷と将軍・幕府の間で政治交渉を進めたり、朝廷運営や公家社会の秩序化を担った武家伝奏（後述）という役職に任じられることが多くありました。

ちなみに、近世後期に4代続けて武家伝奏を輩出した広橋家の場合、名家にもかかわらず、広橋兼胤・伊光父子、伊光の孫である光成が准大臣（内大臣の下で臨時役職）にまで昇進しています。

最後が半家。26家ありますが、史料上では「半家」として現れることは少なく、「羽林名家之外」のような表現となっています。特に、さまざまな特殊技能を持った堂上公家がこれに該当します。例えば、陰陽道を伝えた安倍晴明の末裔である土御門家、歴史書や詩文を継承した紀伝道の菅原氏一族、薬学である典薬寮を掌った錦小路家などです。

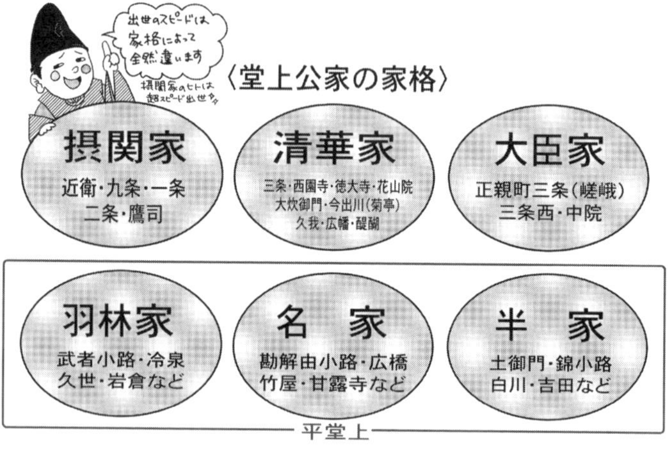

〈堂上公家の家格〉

そもそも 7

堂上公家と地下官人

お公家さん同士でも立場の違いはある？

公家の意味は、「(1)（公家）おおやけ。天皇をいい、さらに天皇を中心とする朝廷をいう」と「(2) 朝廷に仕える人々。公家衆」があり、本書で扱う「お公家さん」は (2) の意味になると冒頭で述べました。また、貴族的な立場のみならず、朝廷内での業務を担った人びとも公家として位置づけられると書きましたが、これは現在の歴史学における研究潮流からは少しそれるかもしれません。公家は研究史上においては、以下で述べる「堂上公家（とうしょうくげ）」という立場の人のみを表す用語として用いられていることが多いからです。しかし朝廷に仕え、排他的な「血」と「知」の継承を実践した立場の人びとを公家として論じたいので、少し公家という用語を拡大解釈して説明したいと思います。

まず最初にこの堂上公家とは、どういう人びとなのでしょうか。堂上は「どうじょう」「どうしょう」などとも読み、中世以降の公家の家格・格式です。そしてこの堂上公家とは、御所（ごしょ）の清涼（せいりょう）

殿へ上がることができる立場の人びとを指します。清涼殿とは、もともと宮中において天皇が日常を過ごす、リビングのような空間のことです。つまり、天皇のリビングに出入りできる立場、それが堂上公家というわけです。ちなみに、清涼殿に上がることを昇殿といいます。

一方でもう一つ、メジャーな存在ではありませんが、地下官人という人びとも本書では「公家」として論じたいと思います。排他的な「血」と「知」の継承でもって天皇・朝廷に仕えているからです。そもそも地下という語には、清涼殿に昇殿する資格を認められていない、「位階、官職など公的な地位を持たない人」という意味もありました。

公家身分かどうかの判断基準は「国家」に対して務めた役割・役務によります。

堂上公家の場合、禁裏小番という宮中への出仕と宿直が課せられています。禁裏小番を務めることが公家身分としての証でした。このような役割は地下官人にはありません。地下官人は任官している官職に沿って朝廷儀式を務めることが、「国家」に対する役割・役務です。ただし末端の地下官人の場合は官職を持っている人から権利を買うことでその官職に就きました。実際に京都周辺の村人や京都の町人、長崎商人や西陣の織屋、あるいは蕎麦屋や小間物屋などが金銭を払って地下官人に就任しています。とはいえ金銭によって地下に就任する人びとは、官位の昇進も、代々役職を継承していくこともできません。

では、堂上公家と地下官人を含む公家の明確な基準はなんでしょうか。

これこそ、繰り返し述べている排他的な血統、その役職を代々継承する「知」を排他的に担った家か否かであるといえます。父から息子への継承により家が連綿とつながっていきます。女性が介在することはほとんどなく、養子を迎えるにしても公家以外の者が入ることは許されません。そのような閉鎖的な血統の中で、特定の朝廷官職や役職を継承するための知識が継承されていきます。この知識も父から息子へ相伝（そうでん）される（＝受け継がれる）ものであり、家に伝来する記録類はむやみに他人へ見せることは憚（はばか）られています。

そもそも 8

公家が受け継ぐもの

排他的な「血」と「知」の継承ってどういうこと？

公家は誰でもなれるわけではなく、ほぼ例外なく親から子へと代々継承されるものでした。家柄が大きな意味を持つ堂上公家においては、男性の相続人がいなければ堂上公家同士の養子縁組を行います。

多くの場合は、同じ一族から養子が迎えられました。もちろん適当な人物が一族にいない場合は他の堂上公家から取りますが、他の身分の者からの相続はほとんどありませんでした。

稀な事例としては、皇族が摂関家を相続するくらいです。徳川将軍家や大名家が公家の養子になることもありませんでした。ちなみに一部の地下官人は金銭によって任じられることができました。

こういった意味で堂上公家は、排他的な「血」の継承を行っているということができるでしょう。しかしその一方で、堂上公家の奥方の多くは大名家から嫁いでいました。この意味はいろいろと考えられますが、何よりもその大名家からの経済的援助が莫大だったからではないでしょうか。例えば久世（くぜ）家という堂上公家は、大名家の佐賀藩鍋島家との婚姻が成され、年間数百両規模の助成金が久世家に送られていました。そのためなのか、久世家の経済には奥方の鍋島家の家臣が入り込んで、積極的に管理していました。公家の排他的な「血」の継承のためには、女性たちの経済力が不可欠だったといえましょう。

一方で、朝廷儀式を滞りなく進行させるためには膨大な知識も必要でした。儀式の進め方、作成する書類、装束や調度品の確保、儀礼空間での所作など、多くの知識が集まって朝廷儀式として可視化されるためです。

これらの知識は文書や書物の形態で公家の家に管理されています。しかし現在の図書館のような閲覧機能があるわけではないので、儀式に関わる際には資料を持つ公家に頼み込んで文書や書物を借りて書写し、学ぶ必要がありました。動画配信サイトなどで学べる現代とは異なり、当時は実際の所作は口伝（くでん）（＝口で伝えること）などで伝えられていました。

同じように文化的に膨大な知識も公家の家には蓄積されていました。例えば和歌であれば、必ずしも歌作りがうまい人物が和歌の「知」を代々継承したわけではありません。それぞれの家でそれぞれの専門分野にまつわる「知」を蓄積することが必要でした。これを家職（かしょく）といいます。排他的で膨大な「知」は、このようにして伝えられてきたのです。

この排他的な「血」と「知」の継承は明治に至ってなくなりましたが、公家を公家身分たらしめる要素だったということができるでしょう。

そもそも

9

堂上公家の数

堂上公家はいくつあったの？

そもそも近世の公家は何家くらいあったのでしょうか。旧家・新家がありますが幕末までに 137 家が成立しました。旧家とは近世までに成立した家、新家とは近世になってから分家などによって成立した家です。この旧家と新家の違いについて解説します。

寛延 3 年（1750）の「官位御定」には、旧家に関する説明は特にありませんが、新家には 2 種類あると記されています。①文禄・慶長年間（1592 ～ 1615）頃に成立した家、②元和年間（1615 ～ 1624）以後に成立した家とのことです。①は慶長年間まで、要するに豊臣政権や江戸幕府の最初期までに成立した家を指します。

近世にはこの新家がどんどん増えていきました。近世初期に朝廷の組織と制度が築き上げられて、そこに従事する公家が増加する状況を研究史の中では「成長の時代」と表現しています。

つまり、古代の朝廷が徐々に衰退し、戦国時代から豊臣政権の中でめちゃくちゃになったものを近世の中で再構成していったというわけです。

では、旧家にはどのような家があるでしょうか。

既述の基準に従えば戦国時代までに成立して、近世に至った家です。これは摂関家が5家、清華家が7家、大臣家が3家、その他の堂上公家が54家であり、全部で69家です。ただし、「官位御定」では一般の堂上公家＝平堂上のみを旧家・新家の区分に当てはめており、摂関家と清華家は別格として旧家には加えていません。

ここに登場する近世の公家は、古代豪族として有名な蘇我・物部・大伴氏などは一切含まれておらず、ほとんどが藤原不比等（ふじわらのふひと）（中臣鎌足（なかとみのかまたり）の息子）の次男である房前（ふささき）の末裔になります（藤原北家という系統）。平安貴族として著名な藤原道長（みちなが）や総理大臣になった西園寺公望・近衛文麿（このえふみまろ）もこの末裔です。藤原氏以外では、源氏（清和・宇多・村上・花山天皇の末裔）・平氏・菅原氏・清原氏・大中臣氏・卜部氏・安倍氏もいますが、ごく少数です。

興味深いのは清和源氏（せいわげんじ）の存在でしょう。清和源氏では、NHK大河ドラマ『鎌倉殿の13人』に登場した源頼朝・義経兄弟などが著名だと思います。一方、公家で旧家の清和源氏は竹内家といい、先祖は新羅三郎義光（しんらさぶろうよしみつ）、源氏の嫡流（本家を継ぐ家）である八幡太郎義家（はちまんたろうよしいえ）の弟のことです。なお、義家は頼朝の四世の祖、つまり祖父の祖父にあたります。義光の末裔としては戦国大名の武田・佐竹・小笠原氏などがいますが、竹内家は清華家の久我家の家臣として生き残り、戦国時代に堂上公家となりました。

次に新家を見てみましょう。新家は旧家の次男・三男が分家として取り立てられることによって成立しました。その後、彼らが本家を相続したために継承者がいなくなった家も多いものの、新家として近世を生き抜いた家は68家になります。

では、なぜ新家が誕生したのでしょうか。そこには近世前半の天皇の生前譲位が関係しています。天皇を退いた上皇の住居として院御所が設けられ、その院御所に奉仕するための院参衆という堂上公家の集団が設置されることになりました。そこで、後水尾天皇が譲位した際には18名もの人物が堂上公家として取り立てられることとなったのです。いずれもすでに堂上公家となっていた人物の次男・三男などの家が分家して取り立てられました。その後、明正天皇・後西天皇も譲位し、新家増加の要因を作りました。

そもそも 10

『雲上明鑑』と『雲上明覧』

お公家さんのデータブックってどんなもの？

書店でプロ野球やＪリーグの選手名鑑や芸能人のスター名鑑の類を見たことがある人も多いと思います。選手ごとに、顔写真、生年月日、特徴、成績、年俸などが記されているものです。同じように堂上公家の選手名鑑も存在しました。この堂上公家の選手名鑑を公家鑑と総称します。内容は時期や種類によって違いがありますが、近世後期には毎年刊行されていまして、各御所・親王家・門跡の当主や息子たちの名前、そこに仕える役人たちを記した後、摂関家以下の堂上公家の略系図・家紋・その年の当主や男性家族・居宅・菩提寺（先祖代々の墓がある寺院）・石高・一部の家臣・有力寺社の取次（寺社伝奏）などが記されていました。

公家鑑の最初は寛文（かんぶん）７年（1667）の「御公家分限帳」ですが、公家鑑で著名なものは『雲上明鑑』と『雲上明覧』の２種類です。

『雲上明鑑』はもともと別の名前でしたが、出雲寺和泉掾（いずもじいずみのじょう）という書肆（現在の出版社）が宝暦８年（1758）に『雲上明鑑』として刊行します。この出雲寺和泉掾とは、江戸幕府の「御書物師」を務めていた家で、幕臣や大名の選手名鑑である「武鑑」の刊行を行った家でした。のちに『雲上明鑑』は東本願寺の出版部門である闡教館へ板元が移りました。

もう一つの『雲上明覧』は天保８年（1837）に西本願寺の光徳府竹原好兵衛が刊行しました。『雲上明鑑』よりも充実した内容になっているため、徐々に『雲上明鑑』の売り上げは悪化していったと評されています。また、内容だけでなく、『雲上明鑑』は東本願寺・西本願寺の順番で記載されているのに対して、『雲上明覧』は西本願寺・東本願寺の順番で記載し、出版する西本願寺を「西」を付けずに「本願寺御門跡」と記しています。ちょっとした違いかもしれませんが、互いの正統性を主張するツールとして刊行されていたといえるでしょう。

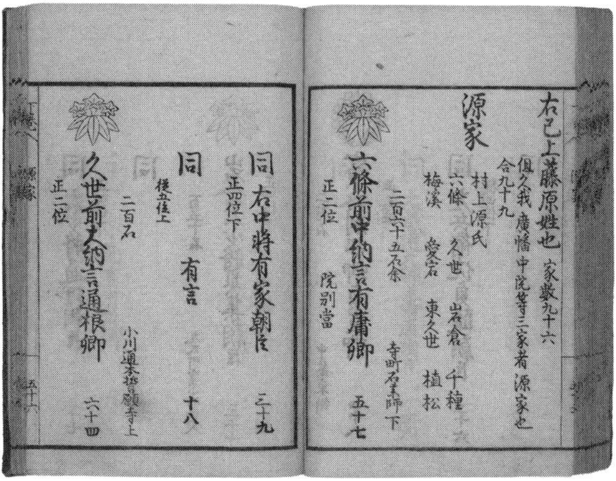

文化５年（1808）『雲上明鑑』国文学研究資料館蔵三井文庫旧蔵資料

では、このような公家鑑はどのような人たちが購入して、どれくらい販売されたのでしょうか。残念ながら明確に記す史料は遺されていませんが、多くの公家鑑を三井文庫が旧蔵していた点は注目されます。三井文庫とは、江戸時代の豪商である三井家（越後屋呉服店や両替商を経営）に伝来した古文書や書籍を集めた研究機関です。三井文庫に公家鑑が遺されていたことを踏まえると、御所の日用品や食事、経費全般を担う口向（くちむき）役人の家も公家鑑に記されていることから、御所や堂上公家に出入りして商売をする人びとが購入した可能性が考えられます。また、旧大名家での所蔵も多いことから、堂上公家などとの交際にも用いられたものと思われます。もちろん、京都土産や京都のガイドブックとしての利用もあったでしょう。このあたり武鑑の場合、江戸城大手門前で武鑑売りが観光客相手に商売していたことが指摘されていますが、それと近いものがあるかもしれません。

そもそも

11

公家が住んでいた場所

お公家さんはどこに住んでいたの？

16世紀の戦国時代の京都の街並みや祭り、風俗を描いた「洛中洛外図屏風」では、公家の屋敷は京都の街中のあちこちに描かれています。それを織田信長は天正3年（1575）7月に御所の東と南に公家を集住させるよう朝廷に命じました。この当時信長の権力は絶大だったので、天皇・朝廷も信長に忖度しました。やがて同13年に豊臣秀吉（当時は羽柴秀吉）が「公家町」建設を進めていきました。この公家町の屋敷地は、基本的には秀吉やその後の江戸幕府による管理であり、秀吉・幕府から公家に対して与えられたものでした。

公家町は、多くの城下町で武士や職人たちが集住していたのと似ています。公家も公家としての職務を担うために集住して生活していました。

公家たちが居住したのは現在の京都の観光名所の一つである京都御苑になります。今では無機質で面白味のないだだっ広い砂利道の空間や林になっていますが、かつて多くの公家はここに住んでいました。

一方で、公家町ではない京都の街中に居住する公家もいます。ここでは久世家の事例を挙げたいと思います。文化 10 年（1813）に出版された公家の人物名鑑『雲上明覧』によれば、久世家の屋敷は「小川通本誓願寺上」と記されています。南北に走る小川通と東西に走る元誓願寺通が交わる場所から北へ上がったところ、という意味です。つまり、久世家は御所周辺の公家町ではなく、町人地の中に住んでいました。

久世家は近世に成立した新家ですが、成立当初、街中の舟橋町の借屋（堀川通一条上ル）に居住していました。このあたりは現在の著名な名所でいえば、安倍晴明の式神である「十二天将」が控えていたとの伝承がある一条戻橋あたりです。寛文 11 年（1671）荒神町に屋敷地を与えられたもののそれは譲渡し、延宝元年（1673）12 月に針屋町（今出川通小川下ル）とそこにまたがる西側の東今町（小川通本誓願寺上ル）の屋敷地を購入しました。以後、近隣の土地を買い求め、幕末段階では 1000 坪の屋敷地になりました。ただし、禁裏小番や朝廷儀式のために御所に移動するには、少し距離があります。

その他に久世家は京都の鴨川の東側、岡崎に別荘を持っていました。例えば近世後期の当主である久世通理の日記や家臣の日記が国文学研究資料館に所蔵されていますが、それらによれば岡崎の屋敷は「下屋敷」と記されています。岡崎は古代の六勝寺などの園池、そして近代以降に琵琶湖疏水が通った場所で、近世では聖護院大根や聖護院蕪といった畑が広がる土地でした。御所から東へ行った農村であり、久世家の人びとにとってはちょっとした遠足だったと思われます。

例えば通理の文化10年（1813）9月16日の日記をひもとくと、「岡崎祭なので弟と一緒に向かった」と記されており、久世家の家臣が記した同日の「役所日記」によれば、「祭礼なので若殿様（久世通理）が出掛けた。もっとも弟君と一緒である。ご出発は午刻過ぎ（お昼過ぎ）。御帰宅は亥刻（午後10時前後）であった」と記されています。ここで出てくる「岡崎祭」は岡崎の天王社（現在の岡崎神社）の祭礼で、避暑のために弟と別邸で過ごし、帰宅がかなり遅い時間になったことがうかがえます。

京都御苑には、
"拾翠亭"という
九条家の茶室が
遺っています。

そもそも 12

堂上公家の出世

お公家さんの昇進って
どんな感じなの？

近世の公家にとって、昇進とはより高い位階に進み、それに伴ってよい官職に任命されることでした。

古代には、位階に応じて位田（いでん）という田畑が支給されましたが、近世に位田はありません。したがって、位階の昇進が直接家計にメリットをもたらすことはなかったものの、官職に応じて朝廷儀式に参加する機会を得られました。そこで幕府から支給される米や金銭（下行（げぎょう）といいます）を得たり、大名などの官位叙任や昇進の儀式に関われば「官物（かんもつ）」という御礼がもらえます。したがって、官位の昇進は重要な収入源につながりました。

もちろん、公家としての高位高官は矜持（きょうじ）にもつながります。この官位昇進のカギを握っていたのが、家格でした。家格の違いは、彼らの昇進のスピードに大きく影響したのです。

ここでは家格の異なる三人の公家の昇進のスピードを比較してみましょう。まずは官位昇進の早い例として、摂関家の九条（くじょう）

道前。道前は、当時権大納言であった九条尚実の息子として延享3年（1746）に誕生しました。道前は、7歳になった宝暦2年（1752）9月27日に元服するとすぐに従五位上右近衛権少将となり、その年のうちに正四位下右近衛権中将まで進みます。位階でいえば、五階級分（従五位上→正五位下→正五位上→従四位下→従四位上→正四位下）進んだことになります。右近衛権中将という官職は近衛府という天皇の親衛隊の役所の重役です。現代風にいえば小学校低学年の少年が天皇の親衛隊を統率するということになります。道前は順調に出世し、14歳になると内大臣に進みます。内大臣は、太政大臣・左大臣・右大臣に次ぐ官職です。これが摂関家の家格の昇進スピードなのです。

次に名家の一つである竹屋家、そのうち竹屋光棣の昇進を見てみましょう。光棣は安永10年（1781）に生まれました。父親の広橋伊光は議奏という武家伝奏に次ぐ役職を務めていました。光棣は天明4年（1784）に一族の竹屋家の養子になり、11歳の時、寛政3年（1791）に元服しました。元服前の天明5年に5歳で従五位下に叙位していますので、前に述べた摂関家の九条道前よりも早い段階で、昇殿していることがわかります。

ところが、そのあとの官位昇進が遅いんです。元服と同時に従五位上右兵衛佐という官位に叙任しますが、正五位下への昇進は15歳となった寛政7年、従四位下への昇進は19歳となった寛政11年、その後右兵衛佐の官を辞すこととなりました。

光棣はそのまま昇進することも任官することもなく、従四位上に昇進するのは文政7年（1824）、42歳の時です。そして、その後は官職に就くことなく、天保8年（1837）に従三位に昇進した直後、57 歳で死去しました。つまり 19 歳で無職となり、位階は昇るものの亡くなるまで無職でした。この竹屋家は、そもそも三位や参議以上に昇進する事例が少なかったのです。

最後に羽林家の家格である持明院（じみょういん）家を見てみたいと思います。持明院家は、藤原道長の次男・頼宗（よりむね）から始まる中御門（なかみかど）家流の家柄であり、近世初期の当主である持明院基久（もとひさ）は大坂の陣で豊臣方に仕えて討死するという珍しい歴史を持つ家です。

持明院家の官位について、近世の初代に当たる基定（もとさだ）から元治（げんじ）2 年（1865）に死去した基和（もとかず）までの 11 名を検証すると、① 20 代後半～ 30 代前半で三位昇進、② 30 代後半～ 40 代前半で参議任官（数年間務めて辞任）、50 代後半で権中納言任官（2 年以内に辞める）、晩年に名誉的に権大納言に任官（2 名のみ）するという経歴を歩む人が多いようです。

持明院家の場合、位階は昇進しても官職は辞めていることが多く、他の公家も、同様に任官直後に辞めている事例がほとんどです。官職を有していない彼らは位階が高くても朝廷儀式に参加できず、儀式に参加することでもらえる金銭や米などの下行を得ることはできません。したがって、家計面でも官職に就いていなければ収入は少なかったのです。そしてこの官職の良し悪しは、家格に大きく左右されていたのです。生まれたときからある程度の昇進事情が決まってしまっているって、どんな気持ちだったんでしょうね。

そもそも 13

公家の職場

お公家さんの職場、
朝廷ってなんなの？

朝廷とは、天皇を頂点に（あるいは天皇を中心に）に政治や国家祭祀などを行う機関・組織の総称です。英語ではcourt（宮廷）と訳されます。

時代によって大きく異なりますが、この朝廷に仕えたのが古代の豪族であり、平安時代の貴族であり、公家になります。この本では主に近世の公家を扱いますが、その前史である古代豪族や平安貴族などについても適宜触れてみることにします。

この朝廷に君臨していたのが天皇になりますが、天皇が朝廷を常に取り仕切っていたかというとそうではありません。例えば平安時代、藤原氏が天皇の外戚となって摂政・関白に任じられた時代は、藤原氏の権力がとても強かったのです。

この摂政という用語は、「摂（と）り行う」という意味です。天皇の代理としてさまざまなことを執行するという意味で、この名称が付けられました。これは、もともと皇族だけが任命されていた役職でしたが、幼少の天皇のバックに就くよう藤原氏が任じられるようになったのです。

関白は、「関(あずか)り白(もう)す」という意味で、朝廷に仕えた人びとの意見をあずかって、これを天皇に申し上げることを仕事としていました。

一時は藤原氏ではない豊臣秀吉・秀次(ひでつぐ)が関白になりましたが、秀吉も前関白近衛前久(このえさきひさ)の「猶子(ゆうし)」となっています。「猶子」とは、「ゆうし」と読んで、義理の子どもとして扱われることを指します。養子とは異なり財産を分け与えられたり、家を相続したりすることはできません。そして、摂政・関白が朝廷で権力を振るい、政治や国家祭祀を担った政治を摂関政治と称します。

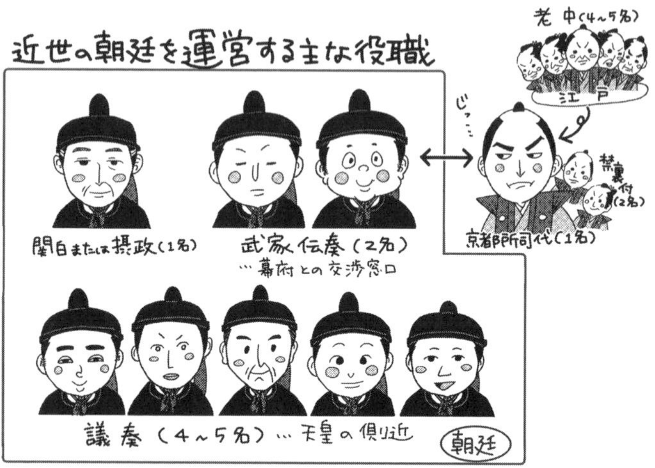

摂政・関白ともに、前述の「官職」には当たりません。官職とは中国に倣って作られた律令制によって定められたものですが、摂政・関白は律令制の官職ではないので、ここでは「役職」と表現します。

朝廷は最初、大和国（現在の奈良県）にありました。その後は天皇によって朝廷の所在地が目まぐるしく変わったのち、延暦（えんりゃく）13年（794）平安京に遷（うつ）りました。ちなみに平安京とは桓武（かんむ）天皇が詔（みことのり）（天皇の言葉）として定めた名称です。

朝廷は政治や国家祭祀などを行う機関・組織なので、現在の霞が関のような官庁街が造られました。しかし、摂関政治などが進んでいくと特定の官職を特定の一族が継承するようになっていきます。これを官司請負制（かんしうけおいせい）と称します。

その結果、官庁街は徐々に廃れて、その官職を務めた家が役所代わりとなっていきます。朝廷の権力が衰えた近世にあっては、すでに朝廷の役所はなくなっています。

そもそも 14

公家の日常

お公家さんの日常って、どんな感じ？

公家の日常を見てみましょう。まずは公家の出勤日についてです。

堂上公家の場合、５～６日に一度、天皇が住む御所の中にある所定の部屋に出勤しなければなりません。これを禁裏小番（きんりこばん）といいます。禁裏小番についてはのちに触れますが、これが近世の堂上公家にとって最重要業務です。堂上公家が堂上公家として生きていくために必要なのは、この禁裏小番を務めることです。

堂上公家はさまざまな朝廷内部の儀式に出席して、所定の役割を務めます。例えば儀式の間に所定の場所に座っていたり（そこに座っていることだけでも重要な仕事なのです）、所定の場所に立っていたり（そこに立っていることだけでも重要な仕事なのです）、定型文を読み上げたり、旗を振ったり、踊ったりという役割を果たしました。これらの儀式には作法や所作が定められ、これをこなせないといけません。そのため作法や所作を学び習得することが求められるのですが、儀式にはすべての堂上公家が出席するわけではなく、役割を命じられた者のみが務めました。

地下官人の場合、朝廷儀式以外に御所へ出勤することはほとんどありません。中には在宅勤務がメインの地下官人もいました。例えば、公家・地下官人のみならず、大名や神職、職人など官位を持つ者に対して、宣旨（せんじ）という任命書を執筆する業務を担っていた押小路大外記家（おしのこうじだいげき）は、基本的には在宅勤務でした。また、押小路家は外記方（げきかた）と称された地下官人集団を統率する立場だったので、外記方地下官人のさまざまな書類が押小路家に提出されます。死亡届・代替わりの願い・年に一度の外記方地下官人の家族の名簿提出・官位昇進願い・引っ越し届などの書類が押小路家に集まり、家自体が役所のような役割を果たしていました。

次に、休日の公家の暮らしを見てみましょう。禁裏小番や朝廷儀式がない時はどうしていたのでしょうか。公家は和歌を詠んだり、蹴鞠や雅楽を楽しむイメージがありますが、それは『源氏物語』などに登場する平安貴族の、しかもごく一部の「上級国民」の生活であり、近世の公家は特別な事情がない限り、そのような「上級国民」の生活とは縁遠かったようです。

しかし残念ながら、出勤日でない時に何をしていたか、公家の日記からは判然としません。どのような服だったのか、ご飯はどんなだったか、いつ起きて、いつ寝たのかなども不明です。

とはいえ明治時代になってもともと公家だった人物が回顧録を執筆したり、取材に答えたりする場合があり、参考になります。例えば近代に内閣総理大臣を務めた西園寺公望（さいおんじきんもち）『陶庵随筆（とうあんずいひつ）』や東久世通禧（ひがしくぜみちとみ）『維新前後　竹亭回顧録』といった回顧録がありますが、若い頃から憂国の志士として政治の世界に入っていったなどと、実にかっこよく書かれています（笑）。

作家の大宅壮一（おおやそういち）は『実録・天皇記』の中で、多くの公家は貧乏であるため歌カルタの絵を描いたり、楊枝を削ったりしていたと記していますが、残念ながら典拠がありません。とはいえ普段はこういった内職に精を出さざるを得なかった可能性は十分にあります。それから後で触れますが、一部の公家は自宅を賭場（バクチをするための非合法カジノ）として提供していました。公家屋敷は基本的に幕府による立ち入りができないので、そこに目を付けたものと思われます。

そもそも 15

公家のお給料

お公家さんの収入ってどれくらい？

平安貴族のイメージもあり、なんとなく雅な感じがする公家ですが、いったい収入はどれくらいだったのでしょうか。そしてどのような収入源があったのでしょうか。

堂上公家の収入は大きく分けて、①領地からの年貢、②朝廷儀式に参加して得られる下行(げぎょう)、③公家家職としての本所(ほんじょ)収入、④寺社伝奏としての収入です。

①領地からの年貢。最も広大な領地を持つ公家の領主は摂関家の九条(くじょう)家です。その領地の大きさは山城国内で3052石。ちなみに近世大名の領地の広さは最低でも1万石。ですから、九条家が公家最大の領主であるといっても、大きさだけ見れば中級の幕府旗本、中規模の大名家の家老クラスといったところです。なお、年貢率はまちまちですが京都周辺の村の場合、多くは60％～80％が年貢として納められますので、九条家は年に米1830石～米2440石程度の収入があったものと思われます。

最も少ないのは30石三人扶持の新家の公家たちです。一人扶持とは一日米5合に相当し、一年間で米1石8斗となります。つまり、30石三人扶持とは、30石プラス米5石4斗（1石＝10斗）です。

②朝廷儀式に参加して得られる下行。応仁（おうにん）の乱や戦国時代を経て、壊滅的な状況に追い込まれた朝廷儀式は近世に入って再興され、その数を増していきますが、明治時代に作成された『旧儀式図画帖』には53種類の恒例の朝廷儀式が掲載されています。ただし、すべての朝廷儀式にすべての公家が参加したわけではありません。多くの公家は朝廷儀式に参加できず、限られた公家のみが関わりました。

朝廷儀式への参加ができた公家は、下行という収入を得ました。ちなみに光格（こうかく）天皇即位式で内弁（ないべん）という役職を務めた左大臣鷹司輔平（たかつかさすけひら）は、下行米50石を得ています。

③公家家職としての本所収入。公家家職とは、公家の家で代々受け継いできた技術・技芸のことです。官職の中でも代々その家にしか伝えられないものもあります。例えば、陰陽師の官職のトップである陰陽頭（おんみょうのかみ）を代々相続した土御門（つちみかど）家や、近世に神職を管轄することとなった吉田（よしだ）家が該当します。近世になると、世襲で務めてきた官職や代々相伝してきた技術・技芸で門人（弟子）を集めてその礼金を手にすることができる場合もありました。そのような家を本所といいます。

例えば、入木道（じゅぼくどう）という公家家職を近世に至って相伝することとなった持明院（じみょういん）家の事例を見てみましょう。入木道とは、書道の流派の一つです。名称の由来は、中国の王朝である晋（しん）の時代、王羲之という人物が木に書いた墨が3分（1センチメートル弱）も滲み込んだという伝承に由来します。

中世後半から入木道を相伝した持明院家では門人になるための礼金は白銀2枚・太刀代銀5匁でした。白銀は贈答用の銀貨で一枚＝銀43匁、だいたい金3分ほどです（小判一枚＝金一両なので、金3分は小判一枚の3/4です）。

持明院家への入門が最も多かった文化12年（1815）には、一年のうちで33件に門人許可証を与えています。先ほどの規定に従えば、白銀2枚×33件＝白銀66枚であり、銀2貫838匁に相当します。太刀代は銀5匁×33件＝165匁に相当します。足すと約銀3貫が本所収入となるのです。

④寺社伝奏としての収入。天皇・親王家、門跡や堂上公家の人物名鑑である『雲上明鑑』『雲上明覧』には「諸社諸寺方伝奏」というものが掲載されています。これは僧侶が僧位僧官を獲得したり、神職が官位を獲得したりする際、どの堂上公家が仲介役を務めるかが記されているものです。江戸幕府による神社への法令「諸社禰宜神主法度」を受けて多くの中小神職が吉田家の管轄になりましたが、その一方で、他の公家も寺社の仲介役である寺社伝奏を担っていました。官位の申請以外にも日常的なつながりの中で礼金や贈答があったと思われ、寺社伝奏の収入は大きなものであったと考えられます。

そもそも 16

公家の上下関係

お公家さん同士にも主従関係があるの？

武家社会にはお殿さまと家来のような主従関係がありました。公家社会にもそのような主従関係がありました。公家のお殿さまと家来については後述するとして、公家同士の主従関係に似た関係性を紹介します。それが「家礼」（あるいは門流（もんりゅう））という関係です。読み方は家礼という字を書いて「けらい」と読みます。「家来」と同じですね。

堂上公家内部の家礼関係は、摂関家とその他の堂上公家との間の恩典と奉仕で結ばれています。家礼は平安時代からあり、近世において摂関家から堂上公家に対する恩典には次のようなものがありました。

①摂関家の所有する記録類の利用
②朝廷儀式における所作・作法の指南
③和歌の指導

④官位昇進に対する推薦
⑤家礼関係にある堂上公家の息子の元服許可

一方で、堂上公家が家礼関係にある摂関家への奉仕としては、次のようなものがありました。

①家礼関係にある摂関家が御所で年始の挨拶をする際に付き従うこと、また摂関家の当主や息子の奏慶拝賀（そうけいはいが）（御所へ参内して天皇に礼をする儀式）などに際して付き従うこと
②家礼関係にある摂関家で行われる芸能の会（和歌・蹴鞠・能など）への参加

また家礼関係は、摂関家による堂上公家への統制・管理としての役割を担っていたといえます。
ただし、ガチガチの上下関係に固まった関係ではありません。例えば、久世通理（くぜみちあや）の文化（ぶんか）10年（1813）5月23日の日記には、

一族の六条有庸がやってきて「一族の梅溪家は摂関家の鷹司家の家礼であったが、今は離れてしまった。しかし、このたび鷹司家の方が梅溪家に対して家礼に戻ることを望んでいる。梅溪行通の弟が鷹司家諸大夫牧内匠頭と懇意であるため話を進めている」という記述があります。そして梅溪家は鷹司家の家礼に戻っています。状況に応じた家礼関係の変化があったといえましょう。

ちなみに久世家は他の堂上公家と異なり、摂関家との家礼関係は確認できません。実際に堂上公家の人物名鑑である慶応元年（1865）『雲上明覧』の「御門流」の項目には摂関家の家礼が一覧となっていますが、久世家の記載はありません。

村上源氏の新家である久世家の場合、むしろ本家である久我家との間に家礼に類する関係がありました。例えば、久世家は久我家からの恩恵として、久我家の蔵書の貸し出しや儀式における装束の着用等の指南などが確認できます。

興味深いのは通理が文化 10 年 6 月 6 日の日記の中で、「岩倉・千種・植松などは一条家の門流だけれども［久我家説］を用いている」と述べている点です。おそらく、これは既述の②朝廷儀式における所作・作法の指南についてのことだと思われますが、久世家をはじめとして、岩倉・千種・植松家といった村上源氏の家々は「久我家説」と称された儀式の所作、作法があり、それを重視していたことがうかがえます。ただし、「久我家説」自体、どの程度実体があったものか判然としません。文化 7 年には通理が出仕しようとした際に儀式における歩き方の所作が「久我家説」であると関白鷹司政熙に指摘されて、久我家などを巻き込んだ議論になったこともありました。

そもそも

17

長男以外は「厄介者」？

当主や後継者以外の兄弟たちはどうしていたの？

近世の場合、武士や町・村の中において、嫡男が家産を相続するのが一般的です。公家も嫡男が家を継承するのが通常ですが、その場合、二番目・三番目以降に生まれた男子は養子として、他家に移ったり、出家したりすることがほとんどです。そうした次男以降の男子が他家に養子に入る（あるいは家を相続する）以前の状態は、「部屋住」「厄介」と記されています。「厄介者」という言葉は現在でも遺されていますが、その由来は嫡男以外の男子にあったのです。

そうした部屋住、厄介の中でも、堂上公家の中には従五位下の位階を与えられる人物がいました。それは成人になった部屋住、厄介の堂上公家に対して、公家社会が身分を公認したことを意味します（要するにそれ以前はなんだかわからない存在です）。このように嫡男ではなくて従五位下に叙されることを「次男爵」と称されたことが研究で明らかになっています。これは本人が次男であろうと三男であろうと次男爵です。次男爵は従五位下に叙されても昇進することはなく、官職に任じられることもありません。堂上公家として最も重要な禁裏小番を務めることも、朝廷儀式に出仕することもありませんでした。なお、公家身分の中でも地下官人には次男爵のような仕組みはありません。

次男爵になった者でも、他家への養子が決まったり、僧侶になったりしない限り、ずっと部屋住、厄介という立場は変わりませんでした。例えば、堂上公家の山本公尹の末子である実豪は75歳で亡くなりますが、彼は従五位下となった後、生涯部屋住、厄介でした。ちなみに、実豪については名前の読み方も伝わっていません。

堂上公家の中でも男兄弟が多かった事例として、平松時行（ひらまつときゆき）の子どもたちの事例を東京大学史料編纂所蔵『平松家譜』から見てみましょう。

平松家は桓武平氏（かんむへいし）の堂上公家で、時行には13名の成人した子どもがおり、うち10名が男性でした。長男・時升は従四位下まで進むものの、父に先立って18歳で亡くなってしまいます（名前の読み方不明）。次男・賞準（しょうじゅん）は聖護院（しょうごいん）門跡の門下である若王子（にゃくおうじ）住職として大僧都（だいそうず）になっていますが早世。三男・紹詮（しょうせん）は曼珠院（まんしゅいん）門跡の院家である静慮院（じょうりょいん）を相続して、権僧正（ごんのそうじょう）に進みました。四男・時章（ときあきら）は長男の時升のあとを継いだ平松家当主。五男・寛圓（かんえん）は嵯峨（さが）大覚寺（だいかくじ）門跡の院家である金剛乗院（こんごうじょういん）を相続して、大僧都に進みます。六男・親承（しんしょう）は東寺の子院である宝輪院（ほうりんいん）を相続して少僧都（しょうそうず）。七男・尊海（そんかい）は青蓮院（しょうれんいん）門跡院家の上乗院を相続して大僧都。八男・文房は後に武家伝奏を務めて朝廷運営を担った万里小路政房（までのこうじまさふさ）の養子に（名前の読み方不明。早世）。九男・時息は一族の長谷範高（ながたにのりたか）の養子となりました（名前の読み方不明）。十男・実淳（じつじゅん）は南都（なんと）宝壽院（ほうじゅいん）の住職に収まります。

このように長男以外は公家の養子に入るか、門跡寺院院家などの住職になる事例が多く、一生部屋住、厄介で過ごすことは稀でした。

なお、時行にはもう一人量行（かずゆき）という息子がいました。彼は次男爵となりましたが、18歳の時に丹波（たんば）一宮（いちのみや）の出雲神社神主家への養子に収まりました。しかし素行が悪く、平松家へ戻された上、29歳の時に勘当させられてしまいます。残念ながら、雲林院中務（うりんいんなかつかさ）と名乗った彼のその後の行方はわかりません。勘当に至るまでの様子はすでに研究があり、国文学研究資料館蔵平松家文書の中に資料が遺されているものの、『平松家譜』には彼の名前は記されていません。

最後に、本書でおなじみの久世（くぜ）家を確認してみたいと思います。久世家4代目の通夏（みちなつ）は本家筋に当たる中院通茂（なかのいんみちしげ）の三男ですが、運良く久世家に養子入りし、延宝（えんぽう）4年（1676）に7歳で家督相続することができました。その通夏の息子である茂栄は11歳の時に伯父である中院通躬（みちみ）の婿養子となったため、広橋兼廉の次男である栄通（ひでみち）を養子に迎えます。栄通は広橋家の部屋住、厄介である時に従五位下に叙されており、いわゆる次男爵となっています。

そもそも 18

幕臣になった公家

幕府の家臣になったお公家さんはどんな人？

公家の家に生まれつつ、幕府の家臣（旗本）として取り立てられた人物はけっこう多いです。彼らは主に高家と称された旗本になりました。高家とは幕府の儀式を掌る役職であり、朝廷に関わるところでは天皇の使いである勅使などの接待役、将軍の代わりに天皇へ年頭挨拶をする役割などを担いました。この高家の発端は慶長８年（1603）に徳川家康が征夷大将軍に任じられる際、大沢基宿に儀式の一切を任せたことに由来します。基宿は、家康に仕えて諸戦に参加した戦国武将です。彼の母は木寺宮（後二条天皇の末裔で、遠江国に移り住んだという伝承がある宮家）の出身であり、その高貴さが朝廷との儀式対応に向いていると判断されたようです。基宿とともに、ほぼ同時期に幕府の儀式を担う立場にあったのが、吉良義弥です。吉良氏は足利将軍家の一門であり、三河守護に任じられた家柄です。義弥は将軍徳川秀忠の娘である和子の入内（天皇に嫁ぐこと）に際して、その交渉を担いました。義弥の孫は赤穂藩旧臣のテロによって亡くなった吉良上野介(こうずけのすけ)義央(よしなか)です。

その後高家の数は徐々に増加して、宝永(ほうえい)7年（1710）以降に26家に固まりました。武家出身としては今川義元(いまがわよしもと)の末裔(今川家・品川家)、武田信玄(たけだしんげん)の末裔、美濃守護である土岐(とき)氏の末裔、出羽国の戦国大名である最上(もがみ)氏の末裔、鎌倉公方である足利氏の末裔（喜連川(きつれがわ)家）、豊後国の戦国大名である大友(おおとも)氏の末裔などの名門家です。一方で、もともと堂上公家出身で、高家に取り立てられた家は次の通りです。

①有馬(ありま)家。権中納言久我通名(こがみちな)の息子である広益が6代将軍家宣(いえのぶ)に500石で召し抱えられたことに始まります。のちに何か問題があったのか蟄居(ちっきょ)となり、出家してしまいました。

②大沢家。最初の高家である大沢基宿の次男は持明院(じみょういん)家を相続して、その孫である基輔の弟・基貫は5代将軍・綱吉(つなよし)に仕えて600石取りの高家となりました。

③長澤(ながさわ)家。外山光顕(とやまみつあき)の次男である資親(すけちか)から成立した家で、5代将軍・綱吉に仕えて1400石取りの旗本に取り立てられて、のちに高家になりました。

④中条(ちゅうじょう)家。樋口信孝(ひぐちのぶたか)の次男の信慶(のぶよし)に始まる家。信孝の生母である中条氏を姓として、4代将軍家綱(いえつな)に仕えて500石取り旗本となり、信慶の息子である信実から高家を務めました。

⑤戸田(とだ)家。六条有純(ろくじょうありずみ)の妻は大垣藩主である戸田氏鉄(うじかね)の姉妹であり、有純の息子・光教は大垣に身を寄せ、戸田氏豊(うじとよ)と名乗っていました。その後、3代将軍家光(いえみつ)に仕え、1000石取りの高家

となります。

⑥日野家。信長・秀吉・家康と仕えた日野輝資（唯心）の孫であり養子となった資栄から成立した家。唯心が駿府や江戸にいて、将軍家と近しい存在であったため、資栄は3代将軍家光に仕えて1530石の高家となりました。

⑦前田家（藤原氏）。押小路公音の息子から始まります。公音は武家伝奏を務めた三条西実条の孫で、実父は不明ですが、「武家」であることが「諸家伝」から確認でき、新家の堂上公家として取り立てられました。その公音の息子は先祖である実条の妻が豊臣政権の五奉行の一人前田玄以の娘であることから、前田玄長と名乗り、5代将軍・綱吉に仕えて1400石取りの高家となりました。

⑧前田家（菅原氏）。菅原道真の子孫である高辻長量の次男である長泰に始まる家。5代将軍・綱吉に仕えて1000石取りの高家となりました。加賀藩主前田家が菅原氏であるため、前田を名乗ったようです。

⑨六角家。藤原北家日野流。公家烏丸光広の次男である広賢から始まる家。輪王寺宮門跡守澄法親王に従って関東へ赴き、その後、息子・広治が高家に就任し1000石の知行地を与えられました。

幕府の家臣になり高家に登用されることで上記の公家は莫大な知行高を得たのです。

そもそも

19

公家のお姫様

お公家さんのお姫様ってどんな人？

公家のお姫様と聞いて深窓で可憐に、月明かりの下で琴を爪弾いている女性がイメージされるとしたら、まだまだジェンダーの議論に近世公家像が追いついていないのかもしれません。けれどおそらく、そういうイメージを持っている人は多いのではないかと思います。ちなみに多くの公家のお姫様は、大名や幕府旗本、大名の上級家臣に嫁ぐか、公家に嫁ぐか、宮中などに出仕する人生を歩む者が多かったです。

ただ、公家のお姫様については『雲上明鑑』『雲上明覧』にも名前が載っておらず、誰の家に嫁いだか、誰を産んだかといった情報以外はあまり多くありません。婚姻や出産に関する資料は数多く遺されていますが、それらにまつわる儀礼や贈答に関わる資料ばかりで、そのお姫様そのものについて語る資料（あるいはお姫様自身が書き記した資料）はほとんどないといってもいいでしょう。ここでは堂上公家・久世通理（くぜみちあや）の姉である布喜姫（翰子）の事例を検証してみたいと思います。

布喜姫は安永８年（1779）に誕生しました。弟の通理とは３歳ほど年が離れています。当時、父親の久世通根は35歳、従三位でした。その後、布喜姫については久世家の家来が記した日記に参詣などの記事が見られるくらいで、ほとんど彼女自身の人となりはわかりません（これはほとんどの公家のお姫様と同様です）。寛政11年（1799）、布喜姫が21歳の時に越後国新発田藩主である溝口直侯の妻として嫁ぐこととなりました。これは直侯の正室である慶姫（肥後国人吉藩主・相良長寛の娘）が若くして亡くなり、後妻として嫁いだためです。直侯は布喜姫の一つ年上です。

嫁ぐに当たって、溝口家より「御縁女様御心得書之写」と題された書付が久世家に送られてきました。内容は、溝口家に嫁ぐに当たっての「心得」です。その内容は以下の７点でした。

①溝口家は他の大名と異なり、諸事にわたって倹約をしているので、そのように心得てもらいたい。
②布喜姫に仕える老女・女中は新発田藩家中の者から人物を選定したい。
③髪型・化粧に好みはないが、華美にならず質素にしてもらいたい。
④殿様は朝六ツ半時（午前７時頃）に起き、夜は暮五ツ時（午後８時頃）に寝る。
⑤殿様は江戸での寺社参詣を好んでいない。
⑥タバコを吸うことは構わないが、殿様は吸わない。
⑦三味線・謡も殿様は好まない。

布喜姫のファッションが派手だったのか、タバコを吸ったり、三味線や謡に興じたのか、残念ながらそれは不明ですが、大名家から見た公家のお姫様像がうかがえることでしょう。溝口家が求めた女性は質素で嗜好品を好まない女性だったようです。

その後、直侯は享和2年（1802）に25歳の若さで亡くなります。布喜姫はわずか24歳で未亡人となってしまい、剃髪して宗徳院と名乗ることとなりました。宗徳院こと布喜姫が新発田藩内でどのような立場であったかはわかりません。特に藩政に関与した様子もありません。

時は過ぎて文政6年（1823）、45歳となった布喜姫は病のために京都に戻りました。しかし実家である久世家には戻らずに、町屋で借家住まいをすることとなりました。なぜ新発田藩から離れて京都に戻ったのか、なぜ弟である通理のもとに身を寄せなかったのか（屋敷には居住するための空間が足りなかったかもしれないものの、前述の通り久世家には岡崎に別宅があります）、いろいろと不可解な点は多いです。ただ、この頃布喜姫の体調はよくなかったものと思われます。その原因を弟の通理は「昔からの酒の飲みすぎ」と述べています。布喜姫は酒で自分の中の感情と境遇を紛らわせていたのかもしれません。

天保2年（1831）3月19日布喜姫死去。享年53歳。葬儀や埋葬に当たって溝口家が若干関わってはいるものの、最終的には久世家の菩提寺に埋葬されることとなりました。

そもそも 20

江戸城大奥に仕えた堂上公家の娘

大奥に仕えるお公家さんの娘は、どんな仕事をしていたの？

中世武士の居館からはじまり、近世の城や大名屋敷には「表」「奥」という空間の違いがあり、主に「表」は男性中心の政治空間、「奥」は主人の私的空間で、家族が居住していました。江戸城の場合にも政務や儀礼を行う本丸御殿に「表」「奥」があり、隠居した将軍や将軍世子の住む西丸御殿にも同様の空間がありました。この江戸城の「奥」のことを特に大奥と称します。この大奥に将軍の正室や側室が居住しました。

私が江戸に嫁ぐ際も、
たくさんの堂上公家の女性が
付き添ってくれました
上臈
和宮
庭田嗣子
(母)観行院

徳川将軍家の正室を一覧にしたものが次の表です。

初代将軍　徳川家康	築山殿（関口親永娘） →朝日姫（竹阿弥娘、豊臣秀吉異父妹か）
2代将軍　徳川秀忠	小姫（織田信雄娘、豊臣秀吉養女） →江与（浅井長政娘）
3代将軍　徳川家光	鷹司孝子（関白・鷹司信房娘）
4代将軍　徳川家綱	浅宮顕子（伏見宮貞清親王娘）
5代将軍　徳川綱吉	鷹司信子（左大臣・鷹司教平娘）
6代将軍　徳川家宣	近衛熙子（関白・近衛基熙娘）
7代将軍　徳川家継	八十宮吉子（霊元天皇皇女） ＊婚約段階で家継死去
8代将軍　徳川吉宗	真宮理子（伏見宮貞致親王娘）
9代将軍　徳川家重	比宮増子（伏見宮邦永親王娘）
10代将軍　徳川家治	五十宮倫子（閑院宮直仁親王娘）
11代将軍　徳川家斉	近衛寔子（右大臣・近衛経熙養女、薩摩藩主・島津重豪娘）
12代将軍　徳川家慶	楽宮喬子（有栖川宮織仁親王娘）
13代将軍　徳川家定	鷹司任子（関白・鷹司正熙娘） →一条秀子（関白・一条忠良娘） →篤姫（右大臣・近衛忠熙養女、薩摩藩・島津忠剛娘）
14代将軍　徳川家茂	和宮（仁孝天皇皇女）
15代将軍　徳川慶喜	一条美賀子（一条忠香養女、今出川公久娘）

これを見ると、3代将軍・徳川家光（いえみつ）以降は、天皇家・摂関家・親王家の娘（養女）から正室を迎えていることがわかります。なお、近世では天皇の一族である親王家よりも摂関家の方が天皇の御

前における座席の順番は上に位置します。

天皇家・摂関家・親王家といった人の娘が京都から江戸に嫁ぐわけですから、彼女たちに仕える女性たちも一緒に江戸に行きます。特に、堂上公家の娘たちから複数選出されました。そのうちのトップが大奥を取り仕切る上臈（じょうろう）という役職に就任します。一例として、近世後期の大奥に大きな力を持った上臈である橋本（はしもと）勝子について見てみましょう。勝子は堂上公家の橋本実誠（さねなり）の娘に生まれ、有栖川宮織仁親王（ありすがわのみやおりひとしんのう）の娘・喬子が将軍世子の家慶（いえよし）に嫁ぐのに際して、一緒に江戸へ向かうこととなりました。大奥の女性たちは独特の名前が付けられており、堂上公家の娘で大奥に仕えた人は梅溪（うめたに）・花園（はなぞの）・万里小路（までのこうじ）といった堂上公家の苗字に類する名前で呼ばれましたが、勝子は姉小路（あねがこうじ）と名乗りました。

天保（てんぽう）8年（1837）に家慶が将軍に就任すると、上臈に就任して、大奥の実権を握り江戸城内の粛正を行ったりしました。嘉永（かえい）6年（1853）に家慶が亡くなると隠居しますが、幕末の和宮降嫁を具体化させるため、わざわざ京都まで足を運び、隠居した後も政治的な活動をしていました。このような政治的な活動をはじめとして、大奥の上臈たちの研究は近年大きく進展しています。

なお、大奥に厳然と力を持った上臈であってもその給料は高くなく、年間米100石・合力金という衣服代金100両・15人扶持（1人扶持は1日米3合。なお、男性の扶持は1日米5合）・炭20俵・薪30束・湯を沸かすための薪である湯木50束・油5ヶ所分7升2合・五種類の野菜である五菜代銀300匁でした。中下級の武士クラスと評価できるかと思います。

そもそも 21

堂上公家の子ども

お公家さんの子どもは、どんな暮らしをしていたの？

堂上公家の家に生まれた男児は、14、5歳ごろに元服（げんぷく）という儀式を行いました。

元服とは、成人になったことを示す通過儀礼で、堂上公家の場合はそれまでの稚児髷（ちごまげ）（丸い輪っかの形をした髪型）を改め、冠をかぶるようになりました。また、この日を境に昇殿が許され、禁裏小番（「23. 近世公家の仕事」）にも加わりました。

では、元服前の堂上公家の子どもたちはどのような暮らしをしていたのでしょうか。残念ながら、それを伝える資料はほとんどありません。とはいえ、御児（おちご）（稚児）に任命された子どもの活動は確認することができます。

御児は、摂関家を除いた堂上公家の子どものなかから選ばれます。天皇・上皇・皇太子などのそばに仕え、朝廷運営を担う堂上公家との間のメッセンジャーとしての役割を果たしたり、天皇からの内々のプレゼントを運んだりもしました。近世前期には幕府から給与として1人当たり年間15石が与えられましたが、のちに天皇には2名、上皇などにはそれぞれ1名と仕える御児の人数が制限され、給与は年間20石ずつとなりました。幕府から給与が支給されることもあり、任命の際には京都所司代の許可が必要でした。

御児の身なりはというと、髪型はもちろん稚児髷で、一年中白い袴をつけ、夏には夏草などの模様が入った着物、冬には赤い色の下地に花や鳥の刺繍が入った着物を着用していました。ちなみに、天皇から「○○丸」のような名前を拝領する場合もありました。

院政期までは男色関係が政治において重要な意味を持ちましたが、江戸時代の天皇・上皇・皇太子と御児がそのような関係にあったのかどうかは、史料から確認できません。近世社会の展開の中で、男色に対する意識が低下していくことから、両者の性交渉は少なくなっていたものと思われます。とはいえ、近世初期には、御児を務めた人物が新家に取り立てられた時代は多く、17世紀から18世紀ごろにかけて設立された新家のうち、30家の初代当主は御児経験者であることが明らかになっています。しかし、江戸幕府が新家取り立てを認めないようになると、そうした待遇はなくなり、御児経験者だからと元服後に特に朝廷内で出世したり、朝廷運営に関わったりすることが多いわけではありませんでした。

ちなみに、幕末の堂上公家である岩倉具視(いわくらともみ)の息子・具定(ともさだ)は孝明(こうめい)天皇の稚児を務めていました。具視が公武合体運動を推進したために失脚すると、具定は父に連座して稚児を外されています。

郵便はがき

お手数ですが
切手をお貼り
ください。

1 0 2 - 0 0 7 2
東京都千代田区飯田橋3-2-5
㈱ 現代書館
「読者通信」係 行

ご購入ありがとうございました。この「読者通信」は
今後の刊行計画の参考とさせていただきたく存じます。

ご購入書店・Webサイト	書店	都道府県	市区町村
お名前（ふりがな）			
〒 ご住所			
TEL			
Eメールアドレス			
ご購読の新聞・雑誌等			特になし
よくご覧になるWebサイト			特になし

上記をすべてご記入いただいた読者の方に、毎月抽選で
5名の方に図書券500円分をプレゼントいたします。

お買い上げいただいた書籍のタイトル

本書のご感想及び、今後お読みになりたいテーマがありましたらお書きください。

本書をお買い上げになった動機（複数回答可）

1.新聞・雑誌広告（　　　　　　　）　2.書評（　　　　　　）

3.人に勧められて　4.ＳＮＳ　5.小社ＨＰ　6.小社ＤＭ

7.実物を書店で見て　8.テーマに興味　9.著者に興味

10.タイトルに興味　11.資料として

12.その他（　　　　　　　　　　　　　　　）

ご記入いただいたご感想は「読者のご意見」として、新聞等の広告媒体や小社Twitter等に匿名でご紹介させていただく場合がございます。
※不可の場合のみ「いいえ」に○を付けてください。　　　　いいえ

小社書籍のご注文について（本を新たにご注文される場合のみ）

●下記の電話やFAX、小社HPでご注文を承ります。なお、お近くの書店でも取り寄せることが可能です。

TEL：03-3221-1321　FAX：03-3262-5906
http://www.gendaishokan.co.jp/

ご協力ありがとうございました。
なお、ご記入いただいたデータは小社からのご案内やプレゼントをお送りする以外には絶対に使用いたしません。

このように、御児の活動は史料から確認できますが、それ以外の堂上公家の子どもたちについては、なんらかの成長に関する儀礼や養子縁組、結婚・死去といった記録しか残されておらず、その実態はよくわからない、というのが実情です。

そもそも 22

公家の家臣

お公家さんの家臣は どんなことをしたの？

堂上公家にしろ、地下官人にしろ、規模の大小はありましたが男女の家臣がいました。

摂関家・清華家の場合、諸大夫（しょだいぶ）や侍と称された家臣がおり、朝廷から官位を与えられる存在でした（大臣家には侍のみあり）。その他の平堂上の場合、雑掌（ざっしょう）と称された家臣を頂点に家臣団（というほど大きくはないですが）を構成していました。例えば摂関家以下、堂上公家や親王家・門跡寺院の名鑑である『雲上便覧大全』の慶応（けいおう）3年（1867）版をひもとくと、摂関家・清華家・大臣家を除いた平堂上97家の中に155名の雑掌が記されていました。なお、『雲上便覧大全』に一部の雑掌は官職が記されていますが、彼らは朝廷儀式に関与する地下官人でもあります。つまり、朝廷の官人としての役割と公家の家臣としての役割を持っていたわけです。

では、一つの公家の家には家臣がどれくらいいたのでしょうか。

堂上公家の久世家を事例として挙げれば、男性家臣だと雑掌・用人が２～３名ずつ、当主の身の回りを世話する近習（きんじゅう）、その他雑用を務める中番（なかのばん）・下部（しもべ）がいました。女性家臣の詳細は判然としませんが、女性家臣の中でもトップに当たる老女（ろうじょ）・中老（ちゅうろう）、男性家臣とともに家政を担う表使（おもてづかい）、その他仲居・半女（はんじょ）がいました。また、奥方の実家から男性家臣が派遣されることもあります。例えば、19世紀前半の久世家の場合、婚姻関係にあった鍋島家の佐賀藩京都屋敷の嘉村久兵衛が久世家の財務管理を行っていました。

雑掌がどのような立場だったのかを、近世～近代の随筆や回顧録の類から確認してみましょう。有職故実（ゆうそくこじつ）の研究を行った勢多章甫（せたのりみ）は『思ひの儘の記』で、雑掌は長年熟練しているので、主君が新任武家伝奏となったとしても苦労せずに業務を行えると評しています。三条家などの家臣を務め、近代に元老院議官を務めた尾崎三良（おざきさぶろう）の『尾崎三良自叙略伝』によれば、「雑掌は今の家令（かれい）」と記されています。この「家令」とは明治の華族における家政を担う存在です。

これら随筆や回顧録をまとめると近世堂上公家（摂関家・清華家・大臣家を除く）の雑掌とは、①米３石程度の給料で平堂上に出仕、②平堂上の家の経営に関与、③武家伝奏は雑掌がいることで役務を滞りなく務めることができた、④近代華族の「家令」に相当する、とまとめられます。

そもそも 23

近世公家の仕事

近世お公家さんの基本業務、「禁裏小番」ってなに？

近世の堂上公家にとって最も重要な役割は禁裏小番(きんりこばん)というものです。

禁裏小番とは、摂関家を除く15歳から60歳までのすべての堂上公家が、5日ないし6日に一度宮中に参勤・宿直をする役目のことです。勤務は天皇との親疎（要するに仲よしか、親戚か、あまり親しくないかなど）によって、内々番(ないないばん)と外様番(とざまばん)に分かれていました。内々番は天皇と親しい関係の堂上公家、反対に外様番は親しくない堂上公家が務めます。それぞれ詰める部屋も異なっていました。すでに中世後期には成立していたと考えられ、南北朝合一で著名な後小松(ごこまつ)上皇の小番衆が後花園(ごはなぞの)天皇に仕えたと『薩戒記(さっかいき)』の永享(えいきょう)2年（1430）4月23日に書かれているのが最初です。したがってこの時にはすでに「小番」なるものが成立していたことになります。ちなみに『薩戒記』とは堂上公家の中山定親(なかやまさだちか)が書いた日記で、15世紀前半を知る上でとても重要な記録です。

では、禁裏小番は何をしたのでしょうか。例えば、東宮（とうぐう）（皇太子）や門跡（もんぜき）などの貴人が宮中に来訪した際の出迎えや食事の給仕、天皇の使いや寺社への代参、宮中の年末大掃除（煤払い）、天皇から命じられた書物の書写（コピー）などの実に多岐にわたる業務がありました。

とはいえ、品行方正な優等生ばかりではありません。一例として、宝暦（ほうれき）2年（1752）10月、江戸幕府の京都出張所である京都所司代の酒井忠用（さかいただもち）が、時の摂政一条道香（いちじょうみちか）に対して「禁裏小番の詰所にて不法な遊興をしている者がいるという噂があるので慎むように」と伝えています。その遊興とは、相撲であったり謡曲であったりしたようです。これに対して優等生な堂上公家である野宮定晴（ののみやさだはる）は、日記の中で「公家の所行じゃない、なんとも俗っぽくて、野蛮だ」と述べています。さらには宮中の庭で武術稽古を行う公家もいました。

この禁裏小番ですが、寛文（かんぶん）3年（1663）正月に識仁（さとひと）親王（霊元（れいげん）天皇）が弱冠10歳で即位すると、内々番と外様番以外に、近臣に当たる「奥之番」21名が仕えることになりました。今日的な表現では天皇の「ご学友」に類するものです。のちに「奥之番」は近習番（きんじゅうばん）と称されるようになりました。ただし、近習番とはいえ、時代によって立場が異なっていて、必ずしも天皇の近臣として重要視されるわけではありません。たしかに近世後期の光格（こうかく）天皇期には武家伝奏・議奏といった朝廷運営の中心に位置する人物が近習番から輩出されていますが、近年の研究ではそもそも堂上公家の四割が近習番となっていることが判明しており、その特権性は疑問です。

また、一般的な堂上公家の久世家を事例としますと、久世家の当主10名のうち5名が近習番になっています。例えば、久世通理は、寛政8年（1796）5月17日に15歳で光格天皇の近習番として出仕し、文化6年（1809）まで勤めています。その後、東宮恵仁（のちの仁孝天皇）の近習番となり、同14年の東宮恵仁の即位とともに改めて新天皇の近習番に任じられます。文政10年（1827）9月14日からは上皇の院参衆（上皇の小番）となりました。つまり通理は、若い時に天皇に仕え、その後、息子の皇太子の付属となり、皇太子が即位しても近習番として20年近く仕え、再び譲位した上皇のもとに仕えたということがわかります。

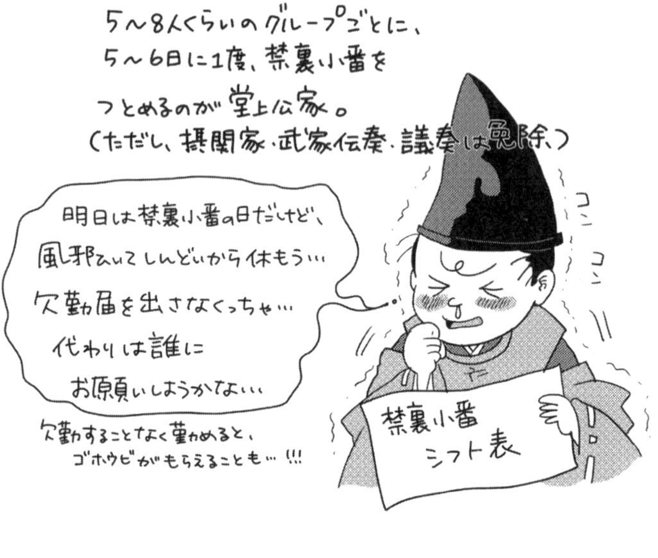

そもそも 24

正月の朝廷儀式

**お正月、お公家さんは
どんなふうに過ごしたの？**

朝廷が日本国内の政治権力を担う地位から外れた近世において、公家はさまざまな儀式を行うことがメインの組織に変貌を遂げていきました。

私たちがテレビなどを通じて目にしたものの中に「即位の礼」があります。新天皇が国民に即位を伝える儀式です。こうした朝廷の儀式はどれくらいあったのでしょうか。『平安時代儀式年中行事事典』には154種類の年中行事、7種類の月中行事、23種類の臨時行事が記されています。まだ国家運営を天皇・朝廷が担っていた平安時代、政務としての実体があった朝廷儀式も多かったのです。

その後、応仁の乱や戦国時代を経て、朝廷儀式は壊滅的な状況になりました。そもそも朝廷儀式を担うべき公家が避難などで京都にいないのだから当然です。ただし、朝廷儀式のすべてがなくなったわけではなく、「内廷の行事」、すなわち天皇の周辺に出仕した女官たちが中心となった儀式は（これを朝廷儀式と呼ぶかどうかは別として）開催され、続けられました。

では、近世の朝廷儀式はいくつあるのでしょうか。近世の朝廷儀式は年を追って増えて（再興されて）いくので、近世後期の文化（ぶんか）10年（1813）の事例を『公卿補任（くぎょうぶにん）』から見てみましょう。儀式の数は上皇の死に伴う臨時の儀式も合わせて30種類にすぎず、『平安時代儀式年中行事事典』に記された数には遠く及びません。なお、先に述べたように多くの堂上公家は朝廷儀式に参加できません。ここではマジョリティな堂上公家による朝廷儀式の際の動向についても触れるため、当時、32歳で左近衛中将を務めていた久世通理（くぜみちあや）の日記も合わせて見てみたいと思います。

1月1日、四方拝（しほうはい）。御所の清涼殿東庭に屏風を立て回して、その中で天皇が属星（ぞくしょう）（生まれた年によって運命が決められた星）を唱え、天地四方や代々の天皇陵を拝む儀式。9世紀頃から続いている陰陽道の影響が強い朝廷儀式です。通理は自邸で早い時間に起きて沐浴をした後、独自に四方拝を行っています。

1月1日、元日節会（がんじつのせちえ）。史料上では「元日宴会」とも記されている通り、元日に天皇と臣下が集まって行う宴会です。ただし近世には完全に儀式化されていて、参加できる人数も限られていました。通理は参加できず、日記に当日参加した公家の名前を書き上げています。

1月7日、白馬節会（あおうまのせちえ）。「白馬」なのに「アオウマ」と読みます。もともとは緑がかった「青馬」を宮中の紫宸殿（ししんでん）の前に連れて来て、天皇がそれを見た後に宴会をするという朝廷儀式でした。やがて馬の体毛は葦毛や白色となり、「白馬」と書いて「アオウマ」と呼ぶようになりました。これは古代中国の春の初めに青馬を見ると邪気が払われるという思想に基づいています。通理は禁裏小番に当たっていますが、白馬節会には参加していません。

1月8日～14日、大元帥法。醍醐寺理性院で開催された真言修法。真言修法とは、真言宗で行われる加持祈禱です。古代の中国では「治国の宝、勝敵の要」の霊元不可思議な秘法とされ、護摩壇には天皇の装束が安置されて祈禱が行われました。14日に大元阿闍梨という徳の高い僧侶が参内するので、その際に堂上公家は全員出仕することになっており、通理も参内しています。

同じく1月8日～14日、後七日御修法。天皇の健康と鎮護国家を祈念して行われた修法です。もともとは宮中の真言院という建物で行われましたが文和2年（1353）に真言院が倒壊した後、戦国時代には廃絶し、元和9年（1623）に紫宸殿で行われて、以後、明治4年（1871）まで続きました。

1月16日、踏歌節会。臣下男女が舞踏をする姿を天皇が見るという朝廷儀式。戦国時代に廃絶して、近世に至り、女官2名程度が登場して舞うようになりました。元日節会・白馬節会・踏歌節会を合わせて、正月三節会と称しますが、ここでも通理は参加する立場になく、日記にも記していません。

むしろこうした朝廷儀式よりも通理にとって重要なのは、多くの年頭挨拶・御礼でした。特に久世家の場合は屋敷に出入りした人びとを詳細に記録しています。

そもそも

25

春の朝廷儀式

お公家さんが参加した春の儀式ってどんなもの？

引き続き、文化 10 年（1813）の久世通理の日記から見ていきましょう。

2 月 10 日、春日祭。藤原氏の氏神の祭りで、戦国時代に廃絶したものの、近世に至って規模を縮小して再開されました。現在も奈良の春日大社で行われている祭りです。この時の通理は東宮近習という立場でしたが、当日は特に何もしていません。日記には儀式担当者の名前を記載して、「春日社へ向かったとのこと」と伝聞調で記しています。春日祭は天皇・朝廷と関わりの深い神社の祭事に対して勅使が出されているので、朝廷儀式の一つという認識がありました。

3 月 15 日、石清水臨時祭。京都郊外で、都の「裏鬼門」に当たる南西を守護したと評される男山八幡宮（石清水八幡宮）での祭りです。永享 4 年（1432）に廃絶し、まさにこの文化 10 年に再開されました。通理はお祭り好きだったようで、別に役割があるわけではないのに、「お祭りを見に行くので休みます」と当日の禁裏小番を休む届けを提出しています（そしてそれが受理されるほど当時の朝廷が大らかであることがうかがえます）。15日に彼は、堂上公家の高倉家に寄り伏見まで行き、舟で現地へ向かっています。なお、その時の服装は継上下（つぎがみしも）という、公家ではなく武士が着るものでした。日記には「密（ひそ）かに継上下を着たよ」とあることから、変装をしていたのかもしれません。なお、通理の妻は男山八幡宮へは同道していませんが、弁当などを持参して御所から出発する人の見物に行っています。

次に、春に行われる東照宮奉幣発遣日時定（とうしょうぐうほうへいはっけんにちじさだめ）から東照宮奉幣使発遣。これは日光東照宮、すなわち徳川家康の霊に対して天皇・朝廷から供物を捧げる儀式で、日取りを決定する会議自体が一つの朝廷儀式となっていました。日取りを決定した後、4月に奉幣使（ほうへいし）の公家が京都から日光へ向かい、日光東照宮で祭事を行います。この奉幣使は例幣使（れいへいし）とも称され、正保（しょうほう）3年（1646）に臨時奉幣使として始まったのを端緒として、慶応（けいおう）3年（1867）まで続けられました。通理は日光に行くわけではありませんが、参向する公家たちに対して餞別を送っています。

4月24日賀茂祭（かものまつり）。上賀茂社（かみがもしゃ）（上賀茂神社、賀茂別雷（かもわけいかづち）神社）・下鴨社（しもがもしゃ）（下鴨神社、賀茂御祖（かもみおや）神社）で行われた祭りです。「源氏物語」でも光源氏が勅使を務めた際に正室・葵上（あおいのうえ）の家来と、六条御息所（ろくじょうのみやすどころ）の家来が乱闘騒ぎをしたシーンがありましたが、文亀（ぶんき）2年（1502）に廃絶し、元禄（げんろく）7年（1694）に再開されることとなりました。儀式について通理の日記には体調不良だったので行かなかった旨、そして勅使を左中将梅溪（うめたに）行通が務め、すぐに神事が終わったらしいとの伝聞が記されています。また、久世家の「役所日記」には賀茂祭当日、上賀茂社の社家で久世家の用人を務めていた人物が祭りの仕事で早退し、夜中に久世家屋敷に戻ってきたことが記されています。

そもそも 26

その他の朝廷儀式

お公家さんは、どんな儀式を行ったの？

秋以降の朝廷儀式を見てみましょう。8月13日から15日、石清水放生会（いわしみずほうじょうえ）。放生会とは魚を川へ、鳥を空へ解き放つことで、食べてきた魚や鳥の供養をするという仏教思想に基づく儀式です。寛正（かんしょう）6年（1465）に廃絶しましたが、延宝（えんぽう）7年（1679）に再開し、明治に至って変容し、現在は石清水祭として行われるようになりました。

石清水放生会は男山山頂にある石清水八幡宮から神輿を下ろして、麓の祭場で奉幣や祝詞、さらには仏事を行い、魚・鳥の放生をした後に山へと渡御するといったものです。久世通理（くぜみちあや）はこの儀式に関与していませんが、13日から15日の神事中は浄衣（じょうえ）（身を清めるための白い装束）を着用して、神社の方角を遥拝（ようはい）しています。なお、放生会の儀式担当者である「上卿（しょうけい）」を務めることは公家にとって名誉だったらしく、文化（ぶんか）2年に父・久世通根（みちね）が務めた際、通理は日記に「当家初例（とうけしょれい）、冥加至極（みょうがしごく）（久世家にとっては初めてのことであり、非常にありがたいことだ)」と喜びを書き記し、通根はその時の儀式次第などを「石清水放生会上卿参向雑記」「石清水放生会次第」として書き残しています。

9月11日、例幣発遣（れいへいはっけん）。これは天皇・朝廷から伊勢神宮への供物を捧げるため奉幣使を遣わす儀式です。応仁の乱の頃に廃絶し、正保（しょうほう）4年（1647）に再び開催されました。日光東照宮への例幣使よりも規模は小さく、通理の日記にもわずかに「例幣上卿正親町大納言、弁光成」と儀式担当の公家の名前が記されている程度です。

11月の斎火御飯（いみひのごはん）（忌火（いみひ）御飯、忌火御膳）から新嘗祭（にいなめさい）・豊明節会（とよのあかりのせちえ）。その年に収穫された穀物を天皇が神に捧げるとともに一緒に食するという一連の朝廷儀式です。『日本書紀』の仁徳（にんとく）天皇の項目にも記されていることから、古代の早い段階ですでに朝廷儀式として重要な位置を占めていたものと思われますが、15世紀半ばに一度廃絶し、やがて吉田神道を伝えた堂上公家で神職でもある吉田家の邸内で催され、その後、元文（げんぶん）5年（1740）に再び御所の中で開催されるようになりました。明治時代以降に11月23日に定められ、現在では祝日の一つ「勤労感謝の日」となっています。新嘗祭本番に先立って、天皇のために「清められた火」で炊かれたご飯を食するのが斎火御飯、神事が終わって臣下の者たちと行うのが豊明節会という朝廷儀式です。通理は新嘗祭・豊明節会もどちらも役割がないので出仕していません。

12月、内侍所（ないしどころ）臨時御神楽。御所の内侍所という建物に奉納される神楽です。内侍所とは三種の神器として古くから神格化されている神鏡が安置されている場所。この鏡は天照大神（あまてらすおおみかみ）を映し出すといわれており、内侍所はいわばこの鏡を御神体とした神社です。度重なる火災によって鏡としての原型は留めていないと思われますが（そもそも実物があるかも謎ですが）、それでも珍しく古代から連綿と続いている朝廷儀式です。戦国武将も戦勝祈願を内侍所で行い、特に豊臣秀吉は内侍所神楽を頻繁に行っています。近世に至ってからは将軍の病気平癒や将軍妻の安産祈願などに活用されました。この年、文化 10 年は後桜町（ごさくらまち）上皇死去のために開催されませんでした。

新嘗祭に出仕する
公家には
様々な役割がありました
天皇の足元を
照らす係
ドキドキ
もうすぐ天皇が
来られる…
ドキドキ
天皇の歩く道筋に
敷物を敷く係
(天皇の後ろには敷物を巻き取る係もいる)

そもそも

27

即位礼と公家

天皇が即位する時、お公家さんはなにをしたの？

令和元年（2019）10 月 22 日、新天皇徳仁の「即位礼正殿の儀」が行われました。令和の即位礼と同じような皇位継承の儀式は古代から行われていました。しかし時代によって儀式の内容は大きく異なります。現在の即位礼は、明治時代に津和野派と称された神道家と岩倉具視がそれまでの古代以来の中国的、道教や仏教などの要素をすべて排除した上で、皇室典範（現在のものと異なります）や登極令という法が定められて以降に、大正天皇の即位礼で創られた儀式です。つまり、現段階では天皇嘉仁（大正）・裕仁（昭和）・明仁（平成）・徳仁（令和）の4 代だけの非常に新しい儀式です。昭和天皇の代までは京都の紫宸殿で、平成、令和の天皇の代は東京の皇居で即位礼が行われました。

皇位継承の儀式とはいえ、戦国時代には十分な費用が整わず、即位後 22 年にしてようやく即位礼を挙行できた後柏原天皇などもいます。とはいえ近世に入ると江戸幕府による財政援助もあり、安定して即位礼を行うことができました。ただし経費に関しては、即位礼をプロデュースする即位伝奏という公家と京都所司代との間で交渉が行われ、過度な経費の増額は一切認められませんでした。また、即位礼当日には多くの人びとが京都御所へと見物に訪れたことが知られています。

即位礼当日、公家は各役職に応じたポジションに位置し、天皇と女官を伴った皇位の象徴である剣と勾玉が人びとの前に登場します。ちなみに令和の「即位礼正殿の儀」の時は、女官ではなく、男性職員のみが付き従いました。その間に「隼人」の役職の地下官人は「狗声（犬か狼かの鳴き声）」を真似て吠えたり、兵庫寮の地下官人は鳴り物を叩いたり、近衛府の堂上公家は旗を振って万歳したり、図書寮の地下官人は天に即位を伝えるために焼香をしたり（このあたりが仏教・道教などが混ぜられた面白いところです）、一大お祭り騒ぎをするのです。

いったいどれくらいの人びとが参加したのでしょうか。安永9年（1780）の光格天皇即位礼の場合、プロデュースをした即位伝奏も含めて堂上公家は31名。天皇の一世一代の晴れ舞台であっても堂上公家の参加はさほど多くはありません。むしろ、多くの地下官人にさまざまな役割を与えられている点が重要であり、こうした儀礼空間を実質的に担う地下官人の存在が天皇の存在を下支えしていたと評価できるでしょう。

さて、先ほども登場した久世通理の場合、文化14年（1817）9月の仁孝天皇即位礼には参加する役職ではありませんでしたが、即位礼の所作について関心があったようです。この時は久世家の本家である久我家の当主・権大納言久我通明が即位外弁という役割を務めていましたが、その所作について「言語道断」「笑止千万」と日記で貶しています。あまりにも拙いものだったのかもしれません。

ただし、通理は即位そのものについてはあまり関心がなかったと思われます。例えば、即位礼の際に天皇が着用する装束を閲覧する儀式「礼服御覧」については当日の通理の日記では「礼服御覧があったとさ」と伝聞調で一行だけ記されているにすぎません。公家にとっては自分が関係しない儀式については、それほど関心がなかったのかもしれません。

そもそも 28

公家の研究史

近世の天皇・朝廷やお公家さんってどんなふうに研究されてきたの?

近世の天皇・朝廷・公家の役割に対する評価は、時代によって大きく変わっていきました。アジア太平洋戦争の敗戦後、天皇中心の歴史を描くことを主流にしてきた学問スタイルが見直されました。その結果、近世の朝廷・公家はもちろん、近世の天皇も無意味な存在として考えられるようになりました。それに伴って歴史学の研究に取り上げられたり、教科書に書かれることもなくなったのです。

その後 1970 年代になると、いくつかの要因によって近世の朝廷・公家、そして、天皇が歴史学研究で取り上げられるようになりました。

その要因の一つは日本政府によるナショナリズムの復活です。この頃日本政府は、アジア太平洋戦争敗戦によって廃止された紀元節(きげんせつ)(『日本書紀』などによって初代天皇と記される神武(じんむ)天皇が即位したと記されている 2 月 11 日)を「建国記念の日」と名前を改めて復活させました。そして、明治維新百年を記念した式典を開催しています。明治百年記念式典は当時の佐藤栄作首相（もともと近代国家を作り上げた「勝者」長州藩士の家柄というのもポイントかもしれません）が発案したといわれるイベントでした。日本の近代の発展を祝する目的で行われましたが、日本の近代化には植民地支配や帝国主義による侵略戦争が伴うため、このような国家中心の歴史観に大きな批判が起こりました。また、当時アメリカがベトナム戦争を始めたことなどを踏まえて、「国家とは何か」という漠然とした疑問も噴出していました。そんな中で近代化の頂点に君臨した天皇、すなわち近代天皇制の「前史」としての近世の天皇・朝廷が注目されました。

もう一つの要因は家永三郎氏による教科書裁判で、文部省（現在の文部科学省）が近世の天皇を「君主」と規定したことです。これは東京教育大学教授で教科書を執筆していた家永三郎氏が政府による教科書検定で不合格とされたことに対して、1965年に「国が教科書の検定を行うのはおかしい !!」として起こした裁判です。この中で取り上げられた論点として、「近世の天皇・朝廷や公家はどのような役割を担ったのか」という問いがありました。当時の文部省は天皇を「君主」と規定しましたが、「君主」といえば領土を統治する王様、政治・行政・司法のトップであるような存在です。「君主」という用語自体がイマイチ馴染みませんが、百歩譲っても、近世の君主は徳川将軍、それを支える江戸幕府という方が的確である気がします。

じゃあ、近世の天皇・朝廷・公家ってなんなの？

近世の天皇・朝廷・公家は何をしていたの？

近世の国家と社会にどのような意味を持っていたの？
そんな素朴な疑問にすらまったく答えられていないと、歴史研究者たちは蒼ざめました。
この二つの要因によって1970年代から1980年代にかけてジグソーパズルのピースを一つひとつ合わせていくように、近世の天皇・朝廷・公家の役割が徐々に解明されていきました。その後昭和天皇の病気に伴う祭りの中止などの過剰な「自粛」と彼の死によって、天皇とは何かという疑問が高まりさらに研究が進展していきました。
そして、近世天皇・朝廷研究を牽引している高埜利彦（たかのとしひこ）氏は明快に「近世の天皇・朝廷や公家はどのような役割を担ったのか」という問いに対する答えを4点にまとめました。

①古代以来の機能である官位叙任・元号制定（本書における「29. 元号を作る公家」で扱います。以下同）
②東照大権現（徳川家康が死去した後の称号）や徳川将軍家の権威づけ（「30. 天皇や朝廷の権威」）
③国家安全や将軍の病気平癒のための祈禱をする宗教的機能（「31. 公家による祈禱」）
④諸宗教の編成（「32. 天皇・朝廷と宗教の関係」）

そもそも 29

元号を作る公家

元号が変わる時、お公家さんはどんなことをしたの？

古代から近世に至るまで、新元号の制定は天皇・朝廷主導で行われていました。といっても、何もかも天皇・朝廷が決めたわけではありません。では、近世において誰がどのように元号制定＝改元を進めたのかを見てみましょう。

江戸幕府成立後、最初の改元は慶長（けいちょう）20年（1615）です。前年に和議が結ばれた徳川家と豊臣家でしたが、再び決裂し、徳川家は大軍をもって大坂城を攻め、5月8日、豊臣秀頼（ひでより）と母の淀殿（よどどの）は自害しました。戦後処理の中で7月13日に改元となり、元和（げんな）という元号になりました。

実はこの改元はすでに徳川家と豊臣家の決裂が決定的になる前から準備されていました。家康のブレーンで幕政に関与していた以心崇伝（いしんすうでん）（金地院崇伝）の慶長20年3月12日の日記には「元号の字は内々に将軍が見て定めて、改元の作法は古今の如く、公家たちの会議で執行するのがよいのではないか」と記されています。ここでの崇伝の意向の通り、近世では新元号の候補を将軍が決定し朝廷内部の儀礼でそれを施行するという、将軍主導で行われました。

では改元するに当たって、元号の候補を選定したのは誰でしょうか。これは「紀伝道」を家職としてきた菅原道真（「天神様」の愛称で親しまれています）の子孫にあたる公家です。「紀伝道」とは、古代から近世までの歴史、特に中国の王朝の歴史と漢文学を足した学問のことです。

道真の子孫については後述するとして、実際の改元の事例を見てみましょう。文政13年（1830）7月2日にマグニチュード6.5程度の大きな地震が京都を襲いました。その後も余震が続き、当時の仁孝天皇は「改元をして一新したい」との思いを幕府に伝えます。幕府はその意向を尊重し、改元の許可を与え、10月4日に朝廷内部で担当者が決定されました。

改元の総責任者である伝奏は三条実萬（三条実美の父）、事務局長である奉行は柳原隆光です。そして、新元号案を検討する勘者は桑原為顕（65歳）・高辻以長（32歳）・唐橋在久（25歳）の3名、いずれも道真の子孫です。彼らはそれぞれ以下の新元号候補を提示しました。

桑原為顕：天保・嘉享・万徳・保和・安延
高辻以長：監徳・万延・嘉永・寛安
唐橋在久：天叙・嘉延・嘉徳・万和・元化

いずれの案の典拠も中国の古典に由来します。この案は朝廷内部で評議されて、天保・嘉享・安延・寛安・嘉延・嘉徳・万和の７案に絞り込まれました。なお、一番年少で、初めて改元の勘者となった在久は自分の案が三つも残ったことにホッと一安心したことでしょう。その後天皇の意見を受けて朝廷は幕府へ案を提示し、天保･嘉延を推薦しました（特に天保を推薦したようです）。幕府はこれを了承し、12月10日に天保改元を発表しました。

では、どのようなタイミングで改元をしたのでしょうか。主に三つの契機が考えられます。

①天皇の即位（代始め）。必ずしも即位の年と合致するわけではありませんが、新天皇即位と改元はセットになっています。

②天変地異。先ほどの天保改元もまさに京都での地震が契機となっていましたが、その他にも災害が契機となっている場合として、明暦３年（1657）正月18日に江戸を焼き尽くした明暦の大火後の万治改元（「よろずおさまる」という縁起を担いだのがうかがえます）。元禄16年（1703）11月23日に房総半島南端を震源とする元禄地震後の宝永改元などです。

③特別な干支。甲子（きのえね・かっし）・辛酉（かのととり・しんゆう）という二つの十干十二支の年に改元が行われました。甲子の年は古代中国の王朝以来、十干十二支の最初に当たり「甲子革令」といって60年に１度の政治変革が、辛酉の年は大きな社会変革が起こるという思想がありました。

そもそも 30

天皇や朝廷の権威

天皇と将軍ってどっちが偉いの？

江戸幕府を開いた徳川家康は、亡くなった後に「東照大権現（とうしょうだいごんげん）」という称号を与えられて、神様になりました。誰が家康を神様にしたかといえば、天皇と朝廷です。家康や江戸幕府が勝手に「東照大権現」の称号を名乗って、神様になれたわけではありません。天皇による宣下（せんげ）が不可欠でした。宣下とは天皇の伝達・命令です。そしてこの宣下も単に天皇が命じればそれでオッケーかといえば、そうではありません。朝廷で多くの文書を作成して（その際に多くの儀式も伴います）、初めて宣下となりました。

徳川家が将軍になる場合も同様です。徳川家は圧倒的な軍事力を持っていますが、勝手に将軍を名乗っているわけではありません。天皇による宣下と朝廷での文書作成、儀式によって、徳川家は将軍となります。

将軍を任命する立場であるということは、天皇・朝廷・公家の方が偉いのではないかと思うかもしれません。これは1970年代以降、歴史学の中で大きな議論となった「天皇と将軍のいずれが君主（＝王様）なのか」という疑問に行き着きます。しかしこの点は簡単に解答できない、今でも大きな問題です。

例えば幕末最末期、将軍・幕府の力が弱体化した時期ですら、天皇・朝廷・公家は「徳川家じゃない人間を将軍に据えたい！」といった意志は言えませんでした。そもそもそのような意識を持ち合わせていなかったようです。

一方で天下の徳川将軍家とはいえ、「息子に明日から将軍譲ります！」と全国津々浦々に勝手に連絡することもできません。そして徳川家もまた、そもそもそのような意識を持ち合わせてはいなかったようです。

では近世の天皇・朝廷・公家によって将軍に任じられる、とはどういうことなのでしょうか。「将軍」の正式名称は征夷大将軍（せいいたいしょうぐん）。もともとは古代において日本列島の東北地方に居住していた蝦夷の人びとの安住の地を侵略するために設置された臨時の職で、「征夷大将軍」の呼称は延暦（えんりゃく）13年（794）正月に大伴弟麻呂（おおとものおとまろ）が征夷大将軍として桓武（かんむ）天皇から刀を賜ったという『日本紀略（にほんきりゃく）』の記事が最初です。

徳川家が将軍に就任するに当たっては、征夷大将軍への任命文書以外にも非常に多くの書類手続きが必要になります。ここでは近世のちょうど真ん中に当たる宝永（ほうえい）6年（1709）の6代将軍・徳川家宣（いえのぶ）に渡された文書の事例を見てみましょう。

この時、朝廷から家宣に出された文書は、①正二位（しょうにい）叙位、②征夷大将軍補任（ぶにん）（官職に任名すること）、③右近衛大将（うこのえのたいしょう）兼任、④

内大臣任官、⑤右馬寮御監兼任、⑥淳和院奨学院別当補任、⑦氏長者補任、⑧近衛府次将給仕、⑨番長・看督長奉仕、⑩牛車許可、⑪随身・兵仗許可。以上、11種類がワンセットとなって、徳川将軍が誕生することができました。いずれも朝廷の官位などに由来するものであり、それに任じられて初めて将軍となり、全国統治の正当性を得られたのです。

そう考えると将軍・幕府の上に天皇・朝廷が位置づけられているように見えますが、これはそう単純な問題ではありません。征夷大将軍とそれに付随するさまざまな官位などが全国統治のために不可欠であるわけではなく、実効性もまったくありません。そのため単純にどちらが「君主」かという議論はできず、近年の研究では将軍・幕府・藩の権力とともに天皇・朝廷・公家が合わさって「公儀権力」と表現されるようになっています。

将軍宣下は、
将軍が上座、
勅使が下座
で行われました。
将軍
勅使
幕末になると
朝廷の権威が上昇し、
両者の座り位置は
逆転します。

そもそも 31

公家による祈禱

「祈禱」って、
どんな時にどんなことをするの？

近世の天皇・朝廷は「国家の一大事だ！」と感じたら、国家が平穏になるように周辺の寺院・神社への祈禱を命じます。このような祈禱は天皇・朝廷が所定の手続きを踏んで、初めて執行されるものです。

例えば、安政(あんせい) 4 年（1857）12 月 7 日、アメリカ総領事のハリスが江戸城で 13 代将軍・徳川家定(いえさだ)と対面する際、天皇・朝廷は「七社七寺」へ「天下泰平・国家安静」の祈禱を命じています。七社、つまり七つの神社とは、伊勢神宮(いせじんぐう)・石清水八幡宮(いわしみずはちまんぐう)・上賀茂神社(かみがもじんじゃ)・松尾大社(まつのおたいしゃ)・平野神社(ひらのじんじゃ)・伏見稲荷大社(ふしみいなりたいしゃ)・春日大社(かすがたいしゃ)（いずれも現在の名称）です。七寺、すなわち七つの寺院とは、仁和寺(にんなじ)・東大寺(とうだいじ)・興福寺(こうふくじ)・延暦寺(えんりゃくじ)・園城寺(えんじょうじ)・教王護国寺(きょうおうごこくじ)（東寺）・広隆寺(こうりゅうじ)。いずれも現在でも信仰の地として崇敬を集めていると同時に、観光名所としても有名なところです。

不吉な出来事に対しても天皇・朝廷・公家は祈禱を行います。

例えば、寛延4年（1751）4月17日、上賀茂神社の酒殿で「釜鳴」がありました。「釜鳴」とは、お湯が沸いて釜がグラグラと音を立てることの意味で、この音で吉凶を占うことがありました。そんな占いから転じて古代以来、自然と「釜鳴」がした場合、人びとは怪異なことだと恐怖に陥りました。この時の「釜鳴」について公家の柳原紀光は自身が編纂した歴史書『続史愚抄』の中で、「神慮不穏歟（神の御心が穏やかではないのではないか）」と不安を綴っています。この時は5月1日より7日間の祈禱が「七社七寺」で行われました。

祈禱が終わった後、二人の陰陽師にこの「釜鳴」の吉凶を判断させました。そのうちの一人が陰陽頭の土御門泰兄。平安時代の陰陽師である安倍晴明の子孫の公家です（「37. 公家の子孫③　安倍晴明」）。今回の「釜鳴」の陰陽師の判断はいずれも「凶」ということで天皇へ報告されました。

このように天皇は寺院・神社を頼りに「国家安全」などの祈禱を命じますが、御所の中の内侍所で祈禱を行うこともあります。内侍所とは、天照大神の代わりである神鏡を祀る建物です。この神鏡は唐櫃に入っており、三種の神器の一つである「八咫鏡」とも考えられています。現在は皇居の宮中三殿の一つである賢所に該当します。

内侍所での祈禱は神楽が行われますが、ここでは安永8年（1779）2月29日の事例を見てみましょう。

10代将軍・徳川家治の長男で次期将軍の地位を約束されていた徳川家基が鷹狩の最中に病気になってしまい、しかもかなり重篤であるという報が朝廷に入ります。早速41名の公家と楽人、加えて女官たちが集合し、内侍所神楽を開催しました。当日は雨のために天皇は参加しませんでしたが祈禱は夜中に始まり寅の半刻（午前5時頃）まで続きました。

なお、家基は収容された品川の東海寺で2月24日に亡くなってしまいます。内侍所神楽が開催された時には、すでに家基はこの世にいませんでした。

内侍所臨時御神楽は
天皇臨席のもと、
内侍所の庭で行われます
鏡を模した
白い輪をつけた
榊の枝をもつ
にんじょう
人長
内侍所御神楽の
リーダー

そもそも

32

天皇・朝廷と宗教の関係

「諸宗教の編成」ってどんなことをしたの？

近世の天皇・朝廷・公家の仕事の一つ「諸宗教の編成」とは、天皇・朝廷が寺院や神社の本山・本所（それぞれの宗派のトップ）を介して地域に存在する宗教者を管理することです。

まず、寺院の場合を見てみましょう。ちなみに前近代の場合、寺院と神社をまとめて「寺社」と記すのが一般的です。それが明治に至って、神社を先に記すようになり、「社寺」と記されるようになりました。きっかけとなったのは慶応（けいおう）4年（1869）5月19日、江戸へ侵攻した明治新政府が民政裁判所・市政裁判所とともに設置した社寺裁判所です。この後、全国的に「社寺」の呼称が用いられることとなりました。

さて、全国の寺院は、江戸幕府による編成が成立するまでは統制の仕組みが区々であり、地域ごとの違いもありました。そこで、江戸幕府は本山が末寺（まつじ）（本山の配下の寺院）を統制するために法度を発布しました。例えば、慶長（けいちょう）18年（1613）2月28

日に武蔵国川越（現在の埼玉県川越市）の喜多院（関東天台宗の総本山）へ出された関東天台宗法度（天台宗の寺院・僧侶の管理に対する規定）によれば、その１条目に「本寺に伺わずに住職になってはいけない」、あるいは３条目に「末寺は本寺の下知に背いてはいけない」と規定されています。幕府の法度を背景に、本山の統制力が強力になったことがうかがえます。それ以後、本寺と末寺の関係、すなわち本末関係による教団の組織化が進められ、寛文５年（1665）に幕府が諸宗寺院法度を発布したことで近世の寺院統制の枠組みが形成されました。幕府は統制するだけではなく、寺院に領地を与えて安定して運営できるように取り計らいました。

　ところで、地域の寺院の僧侶は僧位僧官と称された僧侶版の官位を有していました。僧位は法印・法眼・法橋、僧官は僧正・僧都・律師の順に偉く、僧位ごとに僧官が細かく分けられています。例えば法印なら大僧正・僧正・権僧正といった具合です。この僧位僧官の任命は、天台宗の場合、僧位は法印まで、僧官は権大僧都までは天台座主が独自に行いました。

　一方で門跡がいない教団、例えば曹洞宗の場合は、僧位僧官を朝廷へ申請する必要がありました。その場合は堂上公家の勧修寺家が曹洞宗と朝廷との取次役を務めてきました。このような朝廷と寺院との取次役を務めた公家を寺社伝奏といいます。僧位僧官の申請手続き料は勧修寺家にとっての重要な収入となっていたようです。文政９年（1826）に勧修寺家家臣の袖岡文景が、勧修寺家の経営悪化の理由を日記に記していますが、その第１位は米価の高騰、第２位は曹洞宗寺院からの僧位僧官の申請がなかったことを記しています。

一方神職の場合はどうでしょう。古代以来の「大社」を除いて、幕府は神社と神職を一括して管理するため寛文5年（1665）に諸社禰宜神主法度という法令を発布します。ここでのポイントは各神職が朝廷から官位をもらう際、仲介する公家（既述の寺社伝奏）がいる場合はこれまで通りとし、それ以外は吉田家という堂上公家が仲介するということです。さらに官位の申請にかかわらず、すべての神職は吉田家から免許を受けることが定められました。

では、吉田家とはどんな公家なのでしょうか。吉田家は律令体制下で祭祀を掌った神祇官において、実際に吉凶の占いを担った職人集団である卜部氏の子孫です。永和4年（1378）に卜部兼熙が神職を務めていた吉田神社の名称を踏まえて吉田を称するようになり、至徳3年（1386）従三位に昇進しました。それ以後は、吉田神道（唯一神道）の創始者である吉田兼倶などを輩出して、近世には公家として位置づけられるようになりました。

そもそも 33

朝廷による公家の統制

朝廷はどのように
お公家さんを統制したの？

近世の天皇・朝廷・公家は、幕藩権力による国家統治のために一翼を担いました。とはいえ、朝廷とそこにたずさわる公家を一つの集団として捉えていいかといえば、それはちょっと違うかもしれません。朝廷の運営や朝幕間の政治的な動向に関わる公家は限定されていました。ほとんどの公家はもちろん、形骸化した律令官職の太政官制の左大臣・右大臣・大納言・中納言・参議という朝廷高官も、実質的な朝廷運営には関わっていませんでした。

では、誰が朝廷運営などをしていたのでしょうか。主に関わっていたのは摂関家と武家伝奏（ぶけてんそう）です。

摂関家は朝廷運営を掌り、天皇を助ける摂政・関白に独占的に任じられる家です。その成立は平安時代に遡ります。藤原良房（よしふさ）が臣下で初めて摂政に任じられ、その養子である藤原基経（もとつね）が初めて関白に任じられて以降、御堂（みどう）関白と称された藤原道長（みちなが）

などを輩出し（ちなみに道長は摂政には就任していますが関白には就いていません）、この末裔から五摂家の近衛・九条・一条・二条・鷹司家が誕生しました。院政期に摂政関白を務めた藤原忠通の四男・基実を祖とするのが近衛家で、鷹司家が近衛家の一族（戦国時代に一度断絶）、同じく忠通の六男・兼実を祖とするのが九条家で一条・二条家がその一族に当たります。

近世では、摂関家はどのような立場になっていったのでしょうか。慶長14年（1609）に御所で密通事件が発覚した時のことです（「45. 公家のゴシップ」）。厳正な処罰を求めた後陽成天皇の意に反し、江戸幕府は主に流罪程度の処分（それでも十分な重罰ですが）で終息を図りました。この対応に不満を持った後陽成天皇は怒って譲位しようとしますが、徳川家康の意向を摂関家が受け、譲位を思い留まらせました。このことから家康は、天皇・朝廷の管理・統制に摂関家が「使える」と判断したのでしょう。江戸幕府が天皇と公家を統制するための規範として制定した「禁中並公家諸法度」の11ヶ条目には「関白・伝奏・奉行などの朝廷運営の中心に当たる人びとの言うことに背いたら流罪とする」と記されています。これは朝廷運営において関白（および摂政）の役割を期待するようになった表れといえます。

天皇からの質問に答えて朝廷運営を進める勅問衆は、当初摂政・関白と大臣が務めていました。その後元文3年（1738）には権大納言九条植基が14歳で勅問衆に加わり、大臣以上でなくとも摂関家であれば勅問衆に加入することとなりました。逆に大臣に就任しても五摂家以外の場合、勅問衆に入らなくなり、そもそも摂関家以外の大臣昇進は名誉的に数日間務めるだけになっていきました。五摂家が朝廷運営を独占していたといえます。

もう一つ、武家伝奏という役職も朝廷運営を担いました。摂関家とともに公家を統轄し、朝廷と幕府との交渉を進める役割です。すでに室町時代、3代将軍足利義満（よしみつ）の時、天皇・公家・寺社を統轄するため、武家伝奏が重要な役割を果たしています。武家伝奏は堂上公家であるものの、朝廷と幕府の両方に属するような存在でした。織田信長が京都を掌握していた時期や豊臣政権においても、武家伝奏が朝廷と武家の間に存在していました。特に、関白となった秀吉は右大臣であった清華家の菊亭晴季（きくていはれすえ）を武家伝奏に任じています。従来、清華家や天皇との関係が希薄な外様の堂上公家は武家伝奏に就任することはありませんでしたが、晴季は清華家であり、しかも外様の堂上公家です。おそらく、秀吉と近しい関係であったことが武家伝奏就任に結実したのでしょう。

近世に入り、徳川家康は広橋兼勝（ひろはしかねかつ）・勧修寺光豊（かじゅうじみつとよ）を武家伝奏に任じます。室町幕府においても広橋家・勧修寺家の就任事例が多く、家康は室町幕府の先例を踏襲したとされています。17世紀の段階では、幕府側が候補者を伝えて、天皇が任命するという形式でしたが、その後天皇が候補者を幕府に伝えて、同意を得るという形式に変化しました。そして、武家伝奏に就任する際、幕府から役料として年間500俵が支給され、誓紙血判を提出しています。

このように摂関家と武家伝奏がメインとなって、朝廷運営が進められていきました。

そもそも 34

幕府による公家の統制

江戸幕府はどのように
お公家さんを統制したの？

徳川家康・秀忠(ひでただ)と江戸幕府は元和元年（1615）7月に天皇・朝廷の規範および法度として「禁中並公家諸法度」を制定します。この法度は17条に及んでいますが、すでに早い段階から家康のもとで古典の蒐集やその書写、分析が成されており、それに基づいて成文化が進められていました。「禁中並公家諸法度」を発した主体は家康・秀忠とともに、時の関白である二条(にじょう)昭実(あきざね)。ここに近世天皇・朝廷・公家の規範に対して、将軍とともに関白が目を光らせているという点が表れています。幕府による統制というよりも、豊臣政権によって武家が朝廷の高官に任じられてしまったため、大きく変質してしまった朝廷内部の再構築と秩序化を進めたと評価できるでしょう。

この法度の17条について、簡単に触れてみましょう（以下、丸番号が条項）。

①天皇は学問を学ぶこと、②席順は大臣の下が親王、その次

が前官の大臣、その次が諸親王（天皇の猶子になった親王）、③清華家で大臣を辞職した者の席順は諸親王の下、④摂関家であっても仕事ができない者は叙任させない、⑤仕事ができる摂関家の者は年を取っても引き続き仕事をする、⑥養子は同姓の者から取ること、⑦武家の官位と公家の官位を分ける、⑧新元号は中国の吉例を用いる、⑨天皇以下の人びとの装束の規定、⑩公家の昇進順序はその家々の先例の通り、⑪関白・伝奏・奉行などの朝廷運営の中心に当たる人びとの言うことに背いたら流罪、⑫罪の軽重は古代以来の規定に応じる、⑬門跡の席順の規定、⑭僧正への任官は先例の通り、⑮僧位僧官の規定、⑯高僧の証である紫衣勅許（天皇の許可）はその僧の能力によって決める、⑰上人号勅許は十分修行を積んだ者に対して本寺が推薦する。

以上が 17 条です。全体として、序列を明確に可視化したという点が特徴でしょう。こうした天皇・公家、そして朝廷を管理した幕府の役職を、二つ取り上げたいと思います。

第一の役職として、京都所司代（しょしだい）。定員は 1 名です。江戸幕府における西国支配の中心の役職です。「所司」とは、もともと官庁の役人の意味で、室町幕府では、守護•地頭の管理、宮中•幕府の警備、武家の管理、諸家の所領管理などを担う侍所のトップの名称でした。

仕事内容は、天皇•公家•門跡の管理、京都の訴訟と民政（京都町奉行設置後に権限移譲）、西国諸大名の監察と軍事指揮（大坂城代設置後に権限移譲）などです。これは幕府による西国管理と統制の要であり、重職でした。そのため譜代大名の有能な人物が就任して、のちに幕府の政務担当者である老中などへ転じる場合が多くありました。幕末の文久２年（1862）に京都守護職が新設されるとそこに付属されることとなり、慶応３年（1867）12月９日、王政復古の大号令によって廃止されました。

近世において朝廷と幕府との間の交渉は、武家伝奏（「33. 朝廷による公家の統制」）と京都所司代の間で成されました。例えば、天皇・摂関家であっても、直接老中へ交渉するようなことはできません。

第二の役職として、禁裏付（禁裏附）。定員は２名です。御所の警護とともに公家の監察を行う役職です。また御所内の口向役人たちとともに御所の財政を担いました。京都所司代が譜代大名であったのに対して、禁裏付は幕府の旗本です。寛永20年（1643）に明正天皇が譲位し、後光明天皇が践祚（皇位に就くこと）したことに合わせて、幕府が派遣したことに始まります。史料では、「禁裏付」「禁裏附」「御付」「御附」「御付武士」「御附武士」などと記されました。定員は２名です。

特に、御所で日常的に使われる経費を口向役人とともに管理するとともに、女性だけの空間である「奥向」の経費を長橋局という女官と管理しました。経費は朝廷儀式の支出に関わるものにも及んでおり、朝廷財政を執り仕切ったのが禁裏付でした。

そもそも 35

公家の子孫① 光源氏のモデル

光源氏のモデルとなった お公家さんの子孫はどうなったの？

日本古典文学の代表作である『源氏物語』は、桐壺（きりつぼ）の帝の子である光源氏（ひかるげんじ）を中心とした物語で、彼の羨ましい恋愛遍歴が垣間見える作品です。主人公の光源氏の名前は、子どもの頃から才能と美貌に恵まれて「光る君」と称されたことに由来します。彼は最終的に天皇に准ずる地位にまで昇りつめ、日本のかっこいい人物の代名詞となりました。1980 年代後半から 90 年代に燦然と輝いたジャニーズの光 GENJI という男性アイドルのグループ名が彼にあやかったものであることはいうまでもありません。

この光源氏には現実のモデルとなる人物がいたという学説は古くから多く、紫式部（むらさきしきぶ）が生きた時代に活躍した藤原道長だとか、美男子といわれる在原業平（ありわらのなりひら）だとか、俗説や典拠のない思いつきなどがインターネット上に溢れています。一方で、『源氏物語』だけでなく、あらゆる資料を駆使して、光源氏「複合モデル」

説を提起している日本文学の研究もあります。これは複数の人物を一人の光源氏に仕立てたという学説です。ここでは典拠の乏しいインターネットの情報を排除して、近年の国文学研究で指摘されている４名の光源氏のモデルを検証し、その人物の末裔がその後どうなったのかを見てみたいと思います。

まず一人目は具平親王。村上天皇第七皇子で、詩歌管絃に秀でていました。光源氏同様「六条院」と称されています。彼の息子は臣籍降下（皇族から離れること）して源師房と名乗り、その末裔は村上源氏という名で中世・近世に公家として活躍しました。すでに述べた清華家の久我家、大臣家の中院家、それからこれまでも本書に登場している久世家も該当します。よく知られているところでは幕末・明治期の岩倉具視も子孫です。なお、若大将こと加山雄三は具視の嫡男・具定の曽孫です。これは若大将の母親（小桜葉子）が具定の血を引くためです。

二人目は敦康親王。一条天皇第一皇子であり、母は清少納言が仕えた藤原定子です。平安時代に成立した歴史物語の『大鏡』には、才能も人としての心持ちも大変すばらしいと評されています。彼は弱冠 20 歳で亡くなり、娘の藤原嫄子は後朱雀天皇の中宮（要するに妻）となって二人の皇女を出産したものの、両皇女とも子孫を残すことはありませんでした。

三人目は在原行平。平城天皇第一皇子・阿保親王の息子で、異母弟がこれまた美男子と評された在原業平です。歌人として『百人一首』にも選ばれました。事件に関わり摂津国須磨（現在の兵庫県神戸市須磨区）に隠遁していた際、宮中に出仕している人に遣わした歌が『古今和歌集』の雑歌に掲載されています。光源氏も一時須磨に蟄居していた時期があるので、光源氏のモデルの一人ではないかと評されました。行平の子孫としては、『続群書類従』の「在原氏系図」に記された式部大輔基平や、昌泰3年（900）に参議に昇進した友于という人物が確認できるものの、その後は判然としません。

最後は源融。嵯峨天皇の皇子であり、俗説でも光源氏のモデルだと噂されている人物です。融は左大臣まで昇進しており、その息子たちも朝廷の高官として活躍しました。そして彼の後裔は朝廷ではなく、地方に赴き武家として活躍します。著名な子孫として、酒呑童子退治の頼光四天王の一人・渡辺綱がいます。酒呑童子とは、丹波国の大江山（現在の丹後天橋立大江山国定公園の一部）に拠点を構えた鬼（盗賊とも）。酒呑童子が源頼光に仕えた4人の武士によって打ち倒された話は能や歌舞伎、浮世絵などの題材になっています。そして、近世の平戸藩主・松浦氏は綱の末裔という由緒が知られています。

このように、光源氏（と思われる人物）の末裔たちはいろいろな人生を歩みました。多様な才能を発揮した光源氏はその才能を子孫たちに受け継いでいったといえます。なお、前掲の20世紀後半最大級のアイドルグループ・光GENJIのメンバーである内海光司、彼がどのような家柄かは不明ですが、渡辺綱が仕えた源頼光の末裔に内海氏がいることは何かの縁かもしれません。

そもそも

36

公家の子孫②　菅原道真

「学問の神様」菅原道真の子孫はどうなったの？

学問の神様といえば、天神さま、天満宮でしょう。福岡の太宰府天満宮をはじめとして京都の北野天満宮や東京の湯島天満宮など、全国あちこちに天神さまが鎮座しています。受験シーズンには多くの天神さまに神頼みの人が溢れる光景を目にします。そして、この天神さまとは平安貴族の一人、菅原道真であることもよく知られていることだと思います。簡単に彼の人となりを見てみましょう。

菅原氏は古代豪族・土師氏の末裔で、その後、学問の家柄として確立していきます。ちなみに土師氏の祖・野見宿禰は埴輪を発明した人物、あるいは相撲の祖とも相撲の神ともいわれる人物です。

道真は、承和12年（845）に文章博士・菅原是善の三男として誕生しました。文章博士とは、律令体制の中で学問を学ぶ機関であった大学寮にて、詩文と歴史を教えた役職です。

さて、学問の家（当時は埴輪を作っていなければ、相撲取りになってもいません!!）に生まれた道真もまずは文章生（学生に当たります）に任じられ、23歳の時に文章生の中の優秀者である文章得業生に進んでいます。学者としての道を歩む一方で朝廷内の官職や地方官を歴任し、やがて宇多天皇の信任を得ることとなりました。寛平5年（893）に参議に任じられます。そして藤原氏の政治力が強い時期にもかかわらず、昌泰2年（899）には右大臣昇進まで異例の出世を遂げました。その頃には詩文の才能を発揮して多くの作品を遺しており、翌3年には『菅家文草』にまとめました。

しかし、当時左大臣であった藤原時平の策略もあったのでしょうか、宇多天皇の後継者である醍醐天皇によって大宰員外帥（大宰権帥）として左遷させられてしまいます。大宰員外帥とは、大宰府の長官である大宰帥とは別に設定された定員外の長官です。要するに朝廷高官が大宰府に左遷された際に与えられた官職です。

道真の左遷とともに、彼の息子たちも地方へと左遷させられました。例えば、長男・高視は実務官僚と同時に学問の官職のトップである大学頭を務めていましたが、道真の左遷によって地方官である土佐介へ転じることとなってしまいました。

さて左遷の後、延喜3年（903）に大宰府で死去した道真でしたがその後、道真左遷に関わった時平が39歳で死去、醍醐天皇の皇子で次期天皇が決まっていた保明親王とその息子の慶頼王も相次いで亡くなってしまいます。この保明親王は時平の甥であり、慶頼王は時平の外孫に当たる人物です。そしてある時、朝廷の会議中に落雷が清涼殿を襲い、多くの公家が死傷する災害が発生しました。そしてその直後に、道真の祟りを恐れた醍醐天皇も亡くなります。人びとは道真の怨霊の仕業として恐怖に慄(おのの)き、彼を「天神」として祀りました。

天神として恐れられた道真ですが、彼の生前の才能から学問の神様としても拝まれるようにもなりました。その才能は子孫たちにも受け継がれたのか、学問を生業とする公家として朝廷に仕えることとなります。道真の末裔たちが元号制定に関与したことはすでに述べた通りですが、道真の長男である高視の末裔から近世の堂上公家である高辻(たかつじ)、五条(ごじょう)、東坊城(ひがしぼうじょう)、唐橋(からはし)、清岡(きよおか)、桑原(くわはら)の各家が成立しました。

また、現在の太宰府天満宮は、もとは安楽寺(あんらくじ)という寺院が管理する神社でした。明治時代の神仏分離の過程で安楽寺は廃絶し、太宰府神社として生まれ変わります。戦後、名称を太宰府天満宮に復しました。近世まで太宰府天満宮を管理した別当を称した安楽寺の坊である延寿王院(えんじゅおういん)の西高辻(にしたかつじ)家は、明治維新後、菅原家として連綿と続いてきたことなどを明治政府に訴えて、男爵の爵位を授かっています。

そもそも

37

公家の子孫③　安倍晴明

陰陽師・安倍晴明の子孫は
どうなったの？

天文や暦に関わり、吉凶を占う陰陽道という学問があります。その陰陽道を担ったのが陰陽師です。

中世に編纂された系譜集『尊卑分脈（そんぴぶんみゃく）』によれば、陰陽師・安倍晴明（あべのせいめい）は大膳大夫（だいぜんだいぶ）安倍益材（あべのますき）の息子と記されています。『尊卑分脈』は、14世紀の公家である左大臣洞院公定（とういんきんさだ）が編纂した系図集です。現在では吉川弘文館の『国史大系』に収録されており、全国各地の図書館で見ることができます。そして、古代・中世をはじめとする歴史研究に多大な貢献をしている系譜集といえる本です。

さてこの『尊卑分脈』によると、晴明の先祖は阿部御主人（あべのみうし）と記されています（阿部と安倍で表記が異なります）。御主人は天智（てんじ）天皇亡き後、息子の大友皇子と弟の大海人皇子（おおあまのおうじ）の戦いである壬申（じんしん）の乱において、勝者の大海人皇子（のちの天武天皇）側に属し晩年には右大臣にまで昇進した人物です。彼は『竹取物語』でかぐや姫にプロポーズをした貴公子の一人「右大臣あへのみうし」のモデルに当たります。「右大臣あへのみうし」はかぐや姫から火を近づけても燃えない「火鼠の裘」を持ってくるように指示されます（個人的にはこういう要求をする女性はどうかと思いますが）。「右大臣あへのみうし」は唐国の商人からそれを取り寄せてかぐや姫のもとに届けますが、ニセモノであったために裘は燃え上がってしまい、想いを果たすことができませんでした。

阿部氏の系譜としては、唐国に渡って『百人一首』の一つである「天の原ふりさけみれば春日なる三笠の山に出でし月かも」を詠んだ阿部仲麻呂も輩出します。なお、平安時代の早い段階で「阿部」は「安倍」と表記するようになりました。

晴明は、10世紀後半に天文博士などを歴任して、時の村上天皇や藤原道長から絶対的な信頼を得ました。晴明には伝説が多く、『今昔物語集』『宇治拾遺物語』などの物語文学で彼の逸話を読むことができます。特に知られているのは、その陰陽道の力を駆使して式神（鬼神）を操ったことでしょう。夢枕獏の『陰陽師』では、晴明が式神を操り平安京を守る姿が活き活きと描かれています。

では、晴明の子孫たちはどうなったのでしょうか。

彼らは代々陰陽師として朝廷に仕え、陰陽頭や天文博士・暦博士といった役職を歴任しました。陰陽頭とは文字通り、陰陽寮という朝廷内の役所のトップであり、陰陽師の統轄をする存在。天文博士は天文の運行を見極める役職です。特に前近代では日食・月食を嫌ったため（太陽が欠けたり、月が欠けたりする現象が非常事態を引き起こす予兆と考えられていました）、この予測をすることは重要な役割でした。暦博士は、暦の作製や管理を担当した役職です。

そして、安倍家は中世の段階で土御門と称するようになり、近世に至りました。近世の土御門家は朝廷内部に留まらず、全国で活動する陰陽師たちの組織化に乗り出し、天和３年（1683）に霊元天皇の綸旨（天皇の意志を受けた伝達文書）と５代将軍・徳川綱吉の朱印状によって、全国の陰陽師を支配することが認められました。

しかし土御門家は神社や寺院と異なり、陰陽師を支配するための十分な組織を構築することができませんでした。そこで寛政３年（1791）、再度全国への触れが出されました。江戸幕府も人心掌握のために土御門家の要請を受諾したのでした。その後、幕府の終焉とともに朝廷と公家の社会が解体されると、明治４年（1871）８月、土御門家による陰陽師支配も終わりました。

近世の晴明の末裔たちが式神を操ったかどうかはわかりませんが、彼らは陰陽頭・天文博士を代々務める堂上公家として生き抜いていきました。

38

公家の子孫④　小野小町

絶世の美女・小野小町の子孫はどうなったの？

「三大〇〇」という表現はよく耳にします。共通するものの中から代表的なものを三つ挙げることです。「三大〇〇」のうち、最初の二つはけっこう有名な誰もが知るような事象であることが多く、もう一つがマイナーであることが多いような気がします。そしてこの「三大〇〇」は、おそらく最もマイナーな3番目が自己の正当化や代表性を喧伝するために用いたものなのではないでしょうか。あくまでも私の印象論ですが。

世界三大美人・世界三大美女という表現も知られています。クレオパトラ・楊貴妃（ようきひ）・小野小町（おののこまち）のことです。ネームバリューからいえば明らかに小町が劣りますが、それでも日本人にとっては美人の代名詞として用いられてきました。

小町は平安時代前期の歌人で、六歌仙（ろっかせん）（平安時代前期を代表する6人の歌人）の一人に評されています。『百人一首』にも「花の色は移りにけりないたづらに我が身世にふるながめせし間に」という和歌が収録されています。このように優れた歌人であり、また美人だったそうですが、不幸な晩年を迎えたなどの逸話もあり、全国に小野小町伝説が遺っています。特に秋田県域での伝説が多いことから、1984 年には秋田県の稲の品種が「あきたこまち」と名づけられたり、秋田県湯沢市小野が出身であるという伝説から秋田新幹線は「こまち」の名称が付けられました。

小町の先祖には遣隋使を務めた小野妹子（いもこ）がおり、小町の祖父と目される人物には「エンマ様」に仕えたという逸話がある小野篁（たかむら）がいます。小町の父は出羽郡司良真（でわぐんじよしざね）とされていますが、父親の詳しい経歴は不明です。「郡司」とのことなので、地方の郡（ここでは出羽国出羽郡）を管轄したのかもしれません。篁の末裔には、平安時代後期以降に武蔵国（現在の東京都・埼玉県と神奈川県の一部）・相模国（現在の神奈川県の一部）に勢力を持った武士集団の横山党もいます。

このように平安時代前半までは朝廷内部で活躍した小野氏ですが、徐々に朝廷内部での勢力は衰えていきます。しかし、まったくその存在が朝廷の中で消えてしまったわけではありません。地下官人の系譜を記した『地下家伝』では、大膳職（だいぜんしき）を管轄した小野氏が確認できます。大膳職とは近世朝廷において、朝廷儀式の際の公家たちの膳を作ったり、春日祭の神膳と公家たちの膳を作ったりする役所です。ただし、あくまで儀式の中の膳ですので、食べるために作られたわけではありません（料理という名のほぼ「ナマモノ」です）。

『地下家伝』によれば、暦応（りゃくおう）元年（1338）に大膳職の領地があった摂津国木器保（こうづきのほ）（現在の兵庫県三田市木器）の役人に小野時（とき）

重が任じられたことが始まりだったようです。この時に居住したところが徳岡という場所だったために、時重は徳岡を名乗るようになります。時重の息子である重幸が大膳大属に任じられて以降、小野家は代々大膳職の職務を管轄するようになったようです。ちなみに中世まで残っているこのような朝廷内部の役所は、独自に領地や関所を持っていました。

徳岡氏は堂上公家ではなく地下官人ですが、五位の位まで進むことのできる家柄でした。またわずかではありますが、近世を通じて３石の領地を持つ領主でもありました。

そもそも 39

公家の子孫⑤　紀貫之

『土佐日記』の作者紀貫之の子孫はどうなったの？

「をとこもすなる」のフレーズで始まる『土佐日記』。高校生の頃に古典の授業で習ったことのある人も多いかもしれません。この『土佐日記』は著者の紀貫之（きのつらゆき）が土佐守（土佐国の長官。土佐国は現在の高知県）としての任期を終えて京都に戻る際、女性が書いたものとして執筆した日記です。貫之は『古今和歌集』の撰者の一人であり、『百人一首』には「人はいさ心も知らずふるさとは花ぞ昔の香ににほひける」という歌が収録されています。

この紀氏も古代の豪族の家柄で奈良時代までは朝廷の高官にまで昇りますが、平安時代に入ると、貫之のように地方官を務めるような立場となりました。最終的には従五位上木工権頭（造営や造営のための材木を調達する木工寮のトップである木工頭の補佐的な官職）まで昇進します。中級公家といったところでしょう。天慶（てんぎょう）8年（945）に貫之が亡くなった後、彼の孫の世代までは『紀氏系図』（群書類従）で確認できますが、孫の時継（ときつぐ）が長門守、時實（ときざね）が左衛門尉に任じられたのを最後に以降貫之の子孫は確認できません。

また、貫之の従弟の紀友則（とものり）は『百人一首』にも収録された「久方のひかりのどけき春の日にしづ心なく花のちるらむ」の歌でも知られている人物ですが、彼は貫之よりも低い六位で没しています。そして、友則の子である清正（きよまさ）は淡路守に任じられたことが『紀氏系図』に記されていますが、それ以降は記されていません。いずれも有名な和歌を残しているのに、子孫が確認できないのは残念です。

ではその後、紀氏一族はどうなったのでしょうか。実は一族はこの後も朝廷内に残り続けます。その家が中納言まで昇りつめた紀長谷雄（はせお）の末裔です。長谷雄は延喜（えんぎ）12年（912）に亡くなっていますので、貫之より一世代程度前の人物。そして長谷雄の子孫の紀宗成から始まる家が、後に高橋（たかはし）と名乗る御厨子所預（みずしどころあずかり）の地下官人です。近世後期に作られた『地下家伝』によると宗成は康平（こうへい）2年（1059）に御厨子所預を任じられており、以後は代々この職を務めています。このように古くからの家ということで、近世後期に御厨子所預を務めた高橋宗芳（むねよし）は「旧家」であるとされています。

この御厨子所預という官職はすでに述べた正月三節会（元日節会・白馬節会・踏歌節会）という儀礼的な宴会に際して天皇の御膳を作ったり（小野小町の一族と同様で、あくまでも朝廷儀式用なので、実際には食べません）、即位などの特別な儀式に際しての御膳を作ったり（これもあくまでも朝廷儀式用なので、実際には食べません）する役割を担いました。

近世の紀氏に和歌の才能があったかどうかは不明ですが、高橋宗恒(むねつね)や宗直(むねなお)といった朝廷儀式の有職故実(ゆうそくこじつ)に長けた人物を輩出しました。また天明の大火で高橋家の文庫が焼失した際には、京都の学者である藤貞幹(とうていかん)から幕府の儒者であり、寛政の三博士として教科書にも登場する柴野栗山(しばのりつざん)へ「数千巻の書籍が失われてしまい残念の至りである」という手紙が送られたほどの蔵書家でした。

ちなみに、宗直は誰もが一度は使ったと思われるものを発明しています。それが耳かきです。簪(かんざし)の研究をする中で、現在のような耳かきを考案したといわれています。

そもそも

40

意外としぶとい蘇我氏

蘇我氏の子孫は、どうなったの？

古代史における最大の事件といえば、乙巳（いっし）の変とそれに伴う大化の改新だと思われます。

皇極（こうぎょく）天皇4年（645）6月12日に中大兄皇子（なかのおおえのおうじ）を中心とした人びとが当時の政権担当者である蘇我入鹿（そがのいるか）を殺害し、翌日には父の蝦夷（えみし）も自害したという事件が乙巳の変です。この暴力によるクーデターを経て、皇極天皇から弟の軽皇子（かるのみこ）（後の孝徳（こうとく）天皇）に皇位が譲られました。そして、天皇を中心として中央集権国家を目指すことが孝徳（こうとく）天皇から発表されました。これが大化（たいか）の改新です。

さて、この一連の軍事クーデターによって、古代豪族の蘇我氏は滅亡したと思われがちですが、一族はその後も朝廷で重用されます。例えば大化の改新によって、政府のナンバー2である右大臣に任じられたのは入鹿の甥である蘇我倉山田石川麻呂（そがのくらやまだのいしかわまろ）。めちゃくちゃ長いですし、どこまでが姓で、どこからが名前なのかもわかりにくいですね。ともあれ蘇我倉山田石川麻呂は、大化５年（649）に謀反の罪で妻子ともども山田寺（現在の奈良県桜井市山田。特別史跡）で自害してしまいました。

これで蘇我氏はいよいよ滅亡したかと思いきや、そうではありません。天智(てんじ)天皇（もともとの中大兄皇子）の時代に石川麻呂の弟の蘇我赤兄(あかえ)が政府のトップである左大臣に、もう一人の弟の蘇我果安(はたやす)は御史大夫(ぎょしたいふ)に任じられて、朝廷の中心にいました。御史大夫とはその後の朝廷の大納言に相当し、当時としてはナンバー３に当たります。天智天皇亡き後もその息子である大友皇子(おおとものみこ)を支えようとしますが、天智天皇の弟である大海人皇子の軍事クーデターによって、赤兄と果安は流罪となってしまいました。これがいわゆる壬申の乱です。

流罪となってしまった赤兄と果安、そしてその息子たちが朝廷に戻ってくることはありませんでした。しかし、まだまだ蘇我氏は朝廷に残り続けます（笑）。それが赤兄・果安と同じく、石川麻呂の息子である蘇我連子(むらじこ)の系統です。連子については大臣であったという記述が『日本書紀』『扶桑略記』にあるものの、事績はまったくわかっていません。連子の息子たちは、遅くとも天武(てんむ)天皇 13 年（684）には蘇我氏を改めて石川姓を名乗ったものと考えられています。そして、連子の曽孫である石川年足(いしかわのとしたり)は８世紀後半の藤原仲麻呂(なかまろ)による朝廷運営の際に正三位御史大夫の高官に昇進しています。なお当時の人物としては珍しく墓誌（墓に刻まれた文）が発見されており、「金銅(こんどう)石川年足墓誌」は国宝に指定されています。

年足の息子である石川名足(なたり)は、桓武(かんむ)天皇の治世である８世紀末期に従三位中納言にまで進みました。また、年足の弟である豊成も正三位中納言にまで進んでおり、8世紀後半に蘇我氏=石川氏の末裔は朝廷運営に関わっていました。しかし、名足の息子と思われる真守は参議まで進むものの延暦17年（798）に死去し、これ以降、蘇我氏=石川氏は朝廷の中枢から姿を消します。

では、蘇我氏=石川氏はこれで完全に朝廷から姿を消したのでしょうか。『日本三代実録』の元慶元年（877）12月の記事に、石川木村（現在の苗字が二つみたいな名前です）が宗岳姓に改めたことが記されています。この石川木村は長門守（長門国の長官。長門国は現在の山口県の一部）という地方官を務めていました。つまり、9世紀後半に至っても、蘇我氏=石川氏=宗岳氏は朝廷の一員として（もはや大臣などの高官ではありませんが）活動していたことがわかります。その蘇我氏=石川氏=宗岳氏については資料が断片的にしか遺っていないのですが、10世紀半ば以降、宗岡姓に改めて朝廷の官職を務めていたことがわかっています。堂上公家ではなく地下官人としてとはいえ、これは驚異的なことです。

この宗岡氏は中世後期から召使などの官職を世襲で務めています。この召使とは、朝廷儀式に際して堂上公家が着用する装束の裾を持つなどの役割を担う官職です。そうした役割や「召使」という名称から虐げられているようにも見えますが、蘇我氏の末裔たちは大化の改新で滅亡したわけではなく、世襲の有力地下官人として、近世を通じて活動しました。

そもそも 41

武士から公家に

中世の武士がお公家さんになった例もあるの？

清和源氏というのは、9世紀後半に即位した清和天皇の皇子である貞純親王の息子経基が臣籍降下（皇族を離れて臣下となること）をして源の姓を賜ったことに由来します。この清和源氏は武士として活躍し、特に源頼信（経基の孫）は平忠常の乱平定に活躍し、東国の武士団をまとめ上げる契機を築きました。そして、頼信の子である源頼義、孫の源義家による前九年・後三年の役は東国での基盤を盤石なものとしました。

12世紀半ばに起きた保元・平治の乱では源氏の勢力が衰退し、同じく武士団を形成した平氏が朝廷において勢力を広げますが、源平合戦の後、源頼朝は鎌倉幕府を開き、頼家・実朝に至る源氏が征夷大将軍となり、武家政権として君臨することとなりました。

実朝の死後には摂関家将軍・親王将軍となりますが、清和源氏の一族である足利尊氏が室町幕府を、同じく清和源氏の新田氏の一族という由緒を持ち出した徳川家康が江戸幕府を開きます。

こうして鎌倉時代以降の武家政権では、清和源氏が征夷大将軍に就任しました。そのため清和源氏＝武士という印象がとても強いですが、堂上公家の中にも清和源氏の家があります。それが竹内（たけのうち）家です。

竹内家は源義光（よしみつ）（既述の義家の弟）の四男である源盛義（もりよし）の末裔です。盛義は信濃国佐久郡平賀（ひらが）郷（現在の長野県佐久市平賀）に拠点を構えたため、平賀冠者（かじゃ）盛義と称し、後に平賀氏を称するようになりました。ちなみに「冠者」とは若者や若党などの意味とともに、無官の者についても表す用語です。ただし、東京大学史料編纂所蔵『竹内家譜』では竹内家は義光の嫡男である源義業（よしなり）を先祖としています。この義業の末裔は佐竹氏として常陸国（ひたちのくに）（現在の茨城県の一部）の戦国大名として活躍し、関ヶ原の戦い後は出羽国久保田城（秋田城）に転封を命じられて、久保田藩として遺りました。

さて平賀氏は鎌倉幕府御家人として活躍しますが、北条（ほうじょう）氏による執権政治の中で徐々に衰退し、承久（じょうきゅう）の乱では後鳥羽院側に付いたため御家人としては没落しました。この平賀氏の一族が竹内姓を名乗って、堂上公家で村上源氏の嫡流である久我家に代々仕えることとなりました。

『竹内家譜』によると弘治（こうじ）3年（1557）正月、竹内季治（すえはる）が堂上公家となることが認められました。ただし『国史大辞典』では、永禄（えいろく）3年（1560）正月に将軍足利義輝（よしてる）の取り次ぎにより堂上公家と記されています。ともあれこうして久我（こが）家の家臣から晴れて堂上公家となった季治ですが、織田信長に対する批判が発覚してしまい、元亀（げんき）2年（1571）に近江国で斬首されてしまいました。

季治の子孫は江戸時代になっても堂上公家として187石の知行地を与えられましたが、あまり朝廷運営に関わることはありませんでした。しかし近世半ばには歌人の竹内惟庸（これつね）がおり、以降、堂上歌壇で活躍する人物を輩出しました。

竹内家は、
あの源義家の甥である
源盛義の子孫です
ウチの家紋は、
多くの源氏が使用した
"笹竜胆"です。
ササリンドウ
リンドウ
ササ
ちなみに
源氏の流れをくむ
堂上公家のほとんどは
この家紋です!!

そもそも

42

武田家、公家になる

武田信玄の子孫がお公家さんになったって本当？

戦国時代、甲斐国（現在の山梨県）の戦国大名として成長した武田信玄。越後国（現在の新潟県）の戦国大名である上杉謙信をはじめとして、織田信長や徳川家康とも戦ったことで知られています。大河ドラマのみならず多くの時代劇でも描かれていますね。そんな信玄は、元亀4年（1573）に徳川家領内を攻めている最中に病を発症して亡くなってしまいます。武田勝頼があとを継いだものの長篠の戦いでの敗北などにより徐々に勢力が衰え、天正10年（1582）に信長に攻められて戦国大名としては滅亡してしまいます。

ただし、信玄の次男である武田竜芳の系統は徳川氏に仕えて、江戸幕府では高家として活動するようになりました（「18. 幕臣になった公家」）。

では、武田氏の末裔の中に公家になった人物がいるのでしょうか。実は信玄の弟である信繁の末裔で公家（といっても堂上公家ではなくて地下官人ですが）になった人物が『地下家伝』と東京大学史料編纂所蔵『非蔵人系譜（ひくろうどけいふ）』に掲載されています。その人物とは、武田晴親（はるちか）です。それらの記録には彼は「武田信玄弟望月典厩信繁裔」と記されています。

信玄の弟である信繁は永禄（えいろく）4年（1561）の川中島（かわなかじま）の戦いで討死してしまいます。その息子である武田信豊（のぶとよ）は衰退していく武田氏を支えたものの、勝頼と同様に信長に攻められて自害してしまいます。その信繁・信豊の末裔なのか、系譜などは一切不明なのですが、晴親は享保（きょうほう）14年（1729）に中御門（なかみかど）天皇の非蔵人として出仕します。非蔵人とは御所内の雑用を務めた役職で、近世前半以降は官位などを持つことはなく、京都周辺の神社の神職などの子弟が任じられた役職です。晴親が非蔵人に任じられたのは母親が中御門天皇の女官を務めていたことに起因します。しかし、残念ながら母親の人物像については現在のところまったくわかっていません。

中御門天皇は享保（きょうほう）20年に息子の昭仁（あきひと）親王（桜町天皇）に位を譲り上皇となりますが、晴親はそのまま院非蔵人となりました。この「院」とは天皇の位を退いた上皇のことです。院非蔵人の場合は官位を有することになっているので、院非蔵人に任じられた際、彼は正六位下主殿助（とのものすけ）に叙任されました。主殿助というのは主殿寮という役所の次官でもともとは御所内の調度品などの管理をしていましたが、近世には儀式用の松明を準備する役割のみ担っていました。そして近世段階では、主殿寮の仕事は「地下官人之棟梁（じげかんじんのとうりょう）」と称された壬生（みぶ）氏が管理し、実際の調達は小野氏という地下官人が務めていましたので、晴親がどのように関与したかは不明です。おそらくは、名目的なものだったのでしょう。

元文（げんぶん）2年（1737）に中御門上皇が没すると、官位はそのままに晴親は院非蔵人の仕事を終了します。その際に上皇の形見分けとして金20両と羽二重（絹織物）3枚を拝領しました。その後、晴親が朝廷でどのような職務を行ったかなどは一切わかりません。主殿助としての職務についても記録ではまったく確認できません。ただ、啓宗と名乗って出家していることから、中御門院没後の早い段階で官位を返上し（出家した公家は官位を名乗ることができません）、隠居したものと思われます。

宝暦（ほうれき）10年（1760）、晴親は亡くなりました。非蔵人として仕えたのは9年ほど、官位を有していたのはわずか2年ほどでした。

武田信玄の次男である
竜芳の子孫は
江戸幕府の
高家に。
ほんのちょーっとの期間ですけどね。
武田信玄の弟である
武田信繁の子孫の
1人は
地下官人に。
武田晴親

そもそも 43

明治時代の公家

内閣総理大臣になった お公家さんもいるの？

明治時代以降に華族となった公家は貴族院議員などの政治的な場で活躍しましたが、その中でも内閣総理大臣になった堂上公家が二人います。

現在まで続いている日本の内閣制度は明治18年（1885）12月22日に成立しました。この日、太政官達（明治太政官制度による法令）第69号として、太政官制の廃止と内閣制の制定が発せられました。ここに古代以来、名前のみ残っていた朝廷の律令官制はなくなりました。

さて、内閣総理大臣に就任した最初の堂上公家の一人は、12代（明治39年1月7日～明治41年7月14日）・14代（明治44年8月30日～大正元年12月21日）内閣総理大臣の西園寺公望です。

公望は、嘉永2年（1849）に徳大寺公純の次男として生まれました。徳大寺家は摂関家に次ぐ清華家。「閑院大臣」と称された太政大臣藤原公季（きんすえ）の末裔で、西園寺家や三条実美を輩出した三条家と同じ祖先を持ちます。ちなみに公季は、藤原道長の叔父です。

西園寺家は公家の中でも特に名門です。加えて父の公純は、近世で最も長く摂政関白の職にあった鷹司輔熙（たかつかさすけひろ）の息子であり、朝廷運営の中心である議奏（ぎそう）という役職に就いていました。公望は同じく清華家の西園寺家の養子となりましたが、時は幕末から明治の段階。戊辰戦争においては各地を転戦しました。

明治に入るとフランスへの留学を命じられて10年近くフランス生活を送り、この間に目の当たりにしたパリ・コミューンに大きな影響を受けました。帰国後、中江兆民（なかえちょうみん）とともに『東洋自由新聞』を創刊、各国の公使などを務めた後に第二次伊藤博文（いとうひろぶみ）内閣で文部大臣に就任しています。

明治時代後半に内閣総理大臣を務めて、その後最後の「元老」として近代日本の舵取りをし、昭和15年（1940）11月に92歳で亡くなりました。晩年は静岡県の興津の「坐漁荘（ざぎょそう）」で戦争へと突き進んでいく日本の将来を憂いていました。

公望は『陶庵随筆（とうあんずいひつ）』という一書を残しています。陶庵とは、公望の雅号です。中公文庫版には「懐旧談」と題された幕末から明治期の興味深い話が載せられています。例えば、明治新政府軍と旧幕府軍の戦端が開いた際（鳥羽・伏見の戦い）、朝廷内部でこれを「私戦」として扱おうとした人びとに対して、「私戦として扱ったのであれば、天下の重要な局面をみすみす見逃すことになる」と公望が強く述べたとのこと。それに対して、「小僧よく見た」と岩倉具視が発言したことが記されています。

もう一人公家で内閣総理大臣に就任したのが、34代（昭和12年6月4日～昭和14年1月5日）・38代（昭和15年7月22日～昭和16年7月18日）・39代（昭和16年7月18日～10月18日）の内閣総理大臣である近衛文麿です。ただし、公望と違い、彼が生まれた時には明治の世となっていました。そのため正確には文麿は公家ではなく、公家の末裔です。

文麿は、公爵近衛篤麿（あつまろ）の長男として明治24年（1891）に生まれました。近衛家は摂関家の家柄であり、藤原家の本家本元です。大正5年（1916）に弱冠25歳で貴族院議員になり、昭和8年（1933）に貴族院議長に就任しています。その後、公望の推薦もあって昭和12年に内閣総理大臣に就任しましたが、軍部に圧倒されて国家総動員法成立や国民精神総動員運動、日独伊三国同盟締結など、戦争への道をひた走りました。敗戦後はGHQの要望で憲法改正を推進しますが、戦犯として逮捕されることが決定した直後、青酸カリで自殺してしまいます。

このように公家で内閣総理大臣に就任した者はわずか二人で、それ以外に内閣制度の閣僚に就任した公家も極めて少数でした。ただし、多くの公家は華族として貴族院議員を務めていたので、公家が近代日本の国家運営や政治の世界から疎外されていた、あるいは公家自身は政治に関心を示していなかったとは即断できません。政治に積極的に関わった公家の例を挙げれば、貴族院の中で軍需拡大を批判した二条基弘（にじょうもとひろ）や共産主義運動へと邁進した八条隆孟（はちじょうたかなが）・岩倉靖子（いわくらやすこ）などがいます。

そもそも 44

公家の迷惑行為

幕府を困らせたお公家さんの逸脱行為ってどんなものだったの？

所司代や禁裏付が天皇・朝廷・公家を管理・統制したと述べましたが、彼らが目を光らせなければならないほど、公家は逸脱行為をしていたのでしょうか。実は公家の中には宮中で武芸をするヤンチャな公家がいたり、怪しげな思想に傾倒したり、殺人をしてしまう（！）公家までいました。とはいえ近世260余年の歴史からすれば、とても稀な事例です。

むしろ、公家によるささいな活動やよかれと思ってした行為が幕府に問題視されたことがありました。ここでは幕臣大野広城が編纂した「類例秘録」という資料に掲載されたものから考えてみたいと思います。幕府が各地の事件にどのように対応したかがわかる、非常に面白い資料です。

では最初の事件、困った寄付について。文化年間（1804～1818）に公家の鷲尾家が播磨国須賀村（現在の兵庫県宍粟市山崎町須賀沢）にある願壽寺へ寄付したものの取り扱いをめぐる事件を見てみましょう。幕府代官である嶋田帯刀から寺社奉行に対して、「願壽寺が公家の鷲尾家より翠簾・紫紋付幕・網代輿を寄附されたが、どのように取り扱ったらよいか」と問い合わせがありました。願壽寺とは真宗本願寺派（西本願寺）の寺院です。

一方の鷲尾家とは堂上公家で、領地の石高は180石の羽林家。戦国時代に廃絶し近世に再興された、中級の堂上公家といったところです。願壽寺との「由緒」は不明ながら、鷲尾家からさまざまな寄付がありました。翠簾とは、緑色の立派に飾られた簾のこと。紫紋付幕は、紋が入った紫色の幕です。網代輿とは、檜皮、竹、葦などを薄く細く削り、交差させながら編んだものを表面に張った輿のこと。近世では摂関家や親王などが用いました。この代官からの問い合わせに対して、寺社奉行側は決して用いてはならないと使用の不許可を命じています。

もう一つ、同様の事例を見てみましょう。代官の羽倉外記より「瑞龍寺門跡から遠州高部村本徳寺へ紋付幕などを寄附されたが、どのように取り扱うべきか」と寺社奉行に問い合わせが来ました。瑞龍寺は村雲御所とも称された日蓮宗の門跡寺院であり、尼寺です。豊臣秀吉と対立して切腹した豊臣秀次とその後斬首となった夫人と子どもたちの菩提を弔うために、秀吉の姉で、秀次の実母である日秀尼が建てた寺院です。

既述の願壽寺と同様、本徳寺へ瑞龍寺より幕などが寄付されましたが、寺社奉行はここでも使用を許可しませんでした。その理由として挙げられているのが、「容易には用いるべきではない什物であるため」という指摘です。つまり貴重な幕なので安易に掲げるべきではないという主張です。

これは天皇・朝廷・公家に関わる事物が各地に行きわたることで、その権威の可視化を忌避したとも考えられ、天皇・朝廷・公家が独自に寄付などをすることを嫌い、秩序化あるいはコントロールしようとしたものとも考えられます。「勝手なことはしてくれるな」、それが幕府の言い分だったのかもしれません。

別の事件も「類例秘録」から見てみましょう。これも幕府領の代官である辻六郎左衛門（つじろくろうざえもん）から幕府の上層部へ文政（ぶんせい）9年（1826）に問い合わせがあったものです。その内容とは、摂津国熊内村（現在の兵庫県神戸市中央区）の医師拙斎（せっさい）が堂上公家の錦小路（にしきこうじ）家の用向きの際に帯刀していることについての伺書です。錦小路家は、平安時代の医師である丹波康頼（たんばのやすより）を祖とする家です。康頼は当時の医学全般をまとめた『医心方（いしんほう）』を朝廷に献上した功によって針博士・医博士などに任じられました。子孫は典薬寮（てんやくりょう）（宮内省管轄の医道や薬に関する役所）のトップである典薬頭（てんやくのかみ）に代々任じられています。

さて、この拙斎が錦小路家の用事を務める際に帯刀していることが六郎左衛門に問題とされました。近世において帯刀は武器という意味以上に身分表象の一つであり、帯刀は本来幕府や藩に許可された者しか許されていなかったからです。この帯刀が錦小路家から許されたことに対して、幕府の許可なしではいけないとして拙斎は帯刀を認められませんでした。

そもそも

45

公家のゴシップ

お公家さんと女官の最大のゴシップ「猪熊事件」ってなに？

当然ながら公家も人間ですから、いろいろな人間臭い事件や出来事の話題には事欠きません。ここでは近世の公家が関わった最大のゴシップ記事について触れてみます。

慶長(けいちょう)14年（1609）7月4日、堂上公家と禁裏の女房（天皇の周辺に仕える女性）13名が「勅勘(ちょっかん)」を蒙(こうむ)りました。この「勅勘」とは、天皇による勘当、天皇による臣下への謹慎処分のことです。堂上公家の柳原紀光(やなぎはらもとみつ)が編纂した『続史愚抄』によれば、勅勘を受けた人物は、堂上公家は烏丸光広(からすまるみつひろ)・徳大寺実久(とくだいじさねひさ)・大炊御門頼国(おおいのみかどよりくに)・中御門宗信(なかみかどむねのぶ)・花山院忠長(かざんいんただなが)・飛鳥井雅賢(あすかいまさかた)・難波宗勝(なんばむねかつ)・猪熊教利(いのくまのりとし)の8名、女房は広橋兼勝(ひろはしかねかつ)の娘である新大典侍(しんおおすけ)、中院通勝(なかのいんみちかつ)の娘である権典侍(ごんのすけ)、水無瀬氏成(みなせうじなり)の娘である中内侍(なかのないし)、唐橋在通(からはしありみち)の娘である菅内侍(かんのないし)、典薬頭兼康頼継(かねやすよりつぐ)の妹である命婦(みょうぶ)の5名でした。ちなみに、女官の名前はすべて宮中での女官の官職です。例えば、典侍とは女官のナンバー2集団であり、新大典侍は新しく典侍になった女性の中でも最も上位の者です。

当時の天皇は後陽成天皇ですが、彼はなぜ多くの公家と自分の近くに仕える女房を勅勘にしたのでしょうか。その理由は『続史愚抄』に「婬蕩 坐 事也」と記されているように、「淫らなことをやっちゃってたから」です。後陽成天皇は今回の「婬蕩」を前代未聞であるとして、勅勘にした人びとへの厳罰（＝死罪）を求めました。しかし、最終的には徳川家康が取りなして、後陽成天皇は厳罰を撤回し、勅勘の人物を流罪とすることで決着がつきました。

では、ここで処罰された面々がどのようになったか、簡単に触れてみましょう。

烏丸光広と徳大寺実久は流罪になることなく、謹慎することとなりました。光広は事件から 2 年後には再び出仕するようになり、後に古今伝授（和歌の秘伝）を受けて歌人として活躍し、正二位権大納言まで昇進することとなりました。後陽成天皇の息子である後水尾天皇の信任が厚かったためでしょう。実久も慶長 16 年には再び出仕するようになりますが、従三位権中納言の時にわずか 37 歳で亡くなってしまいます。

大炊御門頼国は清華家の御曹司でしたが、薩摩国硫黄島への配流が決定しました。なお、「硫黄島」といえばアジア・太平洋戦争の「硫黄島」が有名ですが、その島は東京都小笠原村の硫黄島です。頼国が流された「硫黄島」は現在の鹿児島県三島村に属する島のことです。彼は慶長 18 年に都へ戻ることなく亡くなります。近世において配流 = 流罪は死罪に次ぐ重罰です。中御門宗信も同様に硫黄島配流となり、そのままその地で亡くなっています。配流先の生活がどのようなものであったかは伝わっていません。

花山院忠長は蝦夷地に流罪となりました。寛永(かんえい)13年（1636）に赦免を受けるも出家しています。

飛鳥井雅賢は隠岐国に配流となりました。寛永3年に亡くなりますが、現在でも住居跡と墓碑が隠岐神社に確認できます。

難波宗勝は慶長17年に赦免されました。有職故実家として朝廷に重きを置かれるとともに、寛永21年からは武家伝奏を務め、難波家としては異例の従一位まで昇進しました。

猪熊教利はこの事件の首謀者として切腹（あるいは斬罪）となりました。『続史愚抄』によれば、大陸方面へ逃れることを考えていたようです。現実的に他国に行くことができるのかという疑問はありますが、重要なのはそれが『続史愚抄』に記されているという点です。国境などが設定されていない17世紀前半は大陸へ渡ることが可能であり、18世紀後半に『続史愚抄』を編纂した柳原紀光にとっては荒唐無稽な話ではなかったことが窺えます。

女官5名は伊豆国新島へ流罪と決定しました。ただし、必ずしも新島へ流されたわけではありません。例えば権典侍は新島へ向かう途中、風の影響で伊豆半島に漂着し、二条村（現在の南伊豆町二条）の三島社神職鈴木氏宅前に居を構えました。権典侍をはじめとして、女官たちは元和(げんな)9年（1623）9月に赦免されます。

そもそも

46

公家の切腹

**お公家さんが
切腹することはあるの？**

切腹とは戦いに敗れた武士などがなんらかの責任を取るため、自分の腹を切って自死する行為です。武士独特の風習のようにいわれており、実際に百姓・町人や女性が腹を切ったという話はあまり聞きません（もちろんないわけではないですが）。ましてや高貴な存在と考えられた公家が切腹をするとは考えにくいのではないでしょうか。

実際、明応（めいおう）2年（1493）の明応の政変において、細川政元（ほそかわまさもと）に攻められた堂上公家の葉室光忠（はむろみつただ）は切腹の方法がわからずに結局打ち首になりました。なお、古代・中世の公家の日記では「切腹」という語を「大笑いする」の意味で用いられているため注意が必要です。

近世において堂上公家・地下官人ともに切腹した事例は既述の猪熊教利（いのくまのりとし）以外に確認できないものの、明治に入った直後、二人の公家が切腹しています。愛宕通旭（おたぎみちてる）と外山光輔（とやまみつすけ）です。

愛宕家は東京大学史料編纂所蔵の「愛宕家譜」によると、英彦山座主（ひこさんざす）権僧正有清（岩倉具堯の息子）の息子・愛宕通福が中院通純の猶子となって、公家に取り立てられたことに始まります（村上源氏）。

また英彦山といえば、現在の福岡県と大分県にまたがる九州の山岳信仰の拠点です。愛宕家は近世に取り立てられた新家ではあるものの、権大納言・権中納言といった高官にまで名を連ねた家です。加えて、ここで取り上げる通旭は、村上源氏の嫡流で、幕末の朝廷にあっては議奏や国事御用掛（こくじごようがかり）を務めた内大臣久我建通（こがたけみち）の三男というサラブレッドです。

一方、外山家は東京大学史料編纂所蔵の「外山家譜」によると、藤原氏のうち日野家の流れを汲んでおり、近世初頭に日野弘資の次男である日野宣勝（後に光顕と改名）が堂上公家に取り立てられました。外山家の場合、官位昇進のペースはかなりゆっくりであり（要するに家柄としては昇進することが難しい家）、朝廷運営に関わることはほとんどありませんでした。

さて、通旭と光輔はなぜ切腹したのでしょうか。

明治４年（1871）、二人は明治新政府の急激に変わる政策や自分自身の免職に不満を持ち、筑後国久留米（現在の福岡県久留米市）藩士らとともに謀反を試みました。「謀反」といっても、どこまで現実的に練られていたかは不明です。とはいえ国立公文書館蔵「公文録」には関係者の「糾問口書（きゅうもんくちがき）」が収蔵されており、彼らの目指していたものが確認できます。それによると彼らの野望は、当時東京に遷ったままの天皇を再び京都に戻して「政体を一変致すべし」というものでした。しかしこの事情を察知した明治新政府側によって、彼らは捕縛され同年 12 月に二条城芙蓉之間（ふようのま）で切腹することとなりました。

二人の判決の際、「御腹を召せ」と言われたものの、二人ともその意味がわからず、どういう意味か問い直したところ腹を切ることだとわかり、仰天したとの逸話も遺されています。

結局のところ、二人の計画が謀反なのかどうかはわかりません。彼らのちょっとした悪ふざけ的な言動を捉えて、職を免じられた公家層の批判を封じ込める明治新政府の狙いがあったのかもしれません。

そもそも

47

公家と賭博

お公家さんの屋敷で
バクチが行われていたって本当?

次の文章を読んでみてください。これは近代になって京都電気鉄道（京都市内の路面電車）・京都電燈会社のトップを務め、韓国の釜山電燈会社の創設をした京都の実業家である大沢（おおさわ）善助（ぜんすけ）（1854～1934年）が自分の半生を振り返って執筆した『回顧七十五年』の一文です。

> 私の知つて居つた賭博場の、一、二を云ふと、京都丸太町寺町辺には公卿華族中の豊岡家、四條（ママ）家、難波家の三軒で、朝は、豊岡家、午後は、難波家、夜は、四條（ママ）家と場所を転じて、昼夜兼行に賭場を開帳して居つたものである。

善助が自分の幼少期の思い出を冒頭に記して、養父である京都の俠客（きょうかく）・大沢清八（せいはち）（大垣屋清八）のことを述べた文章です。俠客とは、任俠の世界に身を投じた人物であり、多くの人びとを束ねるような存在でした。実際に清八は武家屋敷に奉公へ出る人びとを斡旋する人宿をやっていました。ちなみに彼は、戊辰戦争で会津藩の一翼として活躍する会津小鉄の親分に当たります。なお、善助の孫である善夫は東宝の前身であるJ・O・スタヂオの創設者、もう一人の孫である清治は喜劇女優として著名な清川虹子の夫に当たります。

さて、善助が賭場を開帳していたと証言した豊岡・四条・難波家はいずれも堂上公家です。そしてこれらの家は仙洞御所の南、公家町の南端に位置する内丸太町に屋敷を構えていました。ちょうど町場と公家町の境のような場所で、現在の京都御苑の南端です。要するに彼らの屋敷は非合法な京都の「ラスベガス」だったと表現できるでしょう。

実際に清八は四条家と密接な関係を持っていました。宮内庁書陵部蔵「四條家庖丁道入門関係書」によれば、文久元年（1861）2月に大坂において「御講」を結成したいとの旨が清八から四条家に依頼されました。この「御講」の内容は不明ながら、四条家は近世後期以降に庖丁道という魚や鳥の捌き方を家職として創出することに成功しています。この家職は別に四条家が魚や鳥を捌くことに優れているというわけでも、捌く技術があるわけでもなく、簡単にいえば「ずいぶん前の先祖が庖丁で魚を捌いたという伝承があるので、うちの家は独占的にそれを家職とします」と宣言したにすぎません。そういう公家の家職をありがたがる人も少なからずおり、そういう人びとに免許を発行する、それが公家家職の本質でした。

この四条家のことを清八は「カネヅル」として使えると思った

のでしょう。一方で四条家サイドも清八の侠客たる存在を利用しようとしたものと推測されます。

ちなみに四条家屋敷と同じ区画には幕末の尊皇攘夷運動で力を尽くし、八月十八日の政変で七卿落ち（7 名の公家が失脚して京都から西国に逃れたこと）をする三条西家・東久世家の屋敷があります。豊岡家の二軒隣は明治新政府を築き上げた岩倉具視の屋敷もあります。賭場と尊皇攘夷運動の堂上公家が蠢（うごめ）くこの空間、「明治維新」とは、このような人びとが作り上げたといえます。

そもそも

48

公家のスキャンダル

殺人事件を起こした
お公家さんがいるって本当？

天保10年（1839）5月1日の夜、堂上公家の樋口家で京都の街を震撼させる事件が起きました。当主である樋口寿康とその妾が斬殺されたのです。樋口家は初代が徳川家康に近侍したことで堂上公家に引き立てられた家です。そのため、2代目の信康以降、代々「康」の字を名前に付けていますが、これは家康から「代々の通り字とせよ」と許されたことによります。

さて、この日の殺人事件は早速武家伝奏である日野資愛に伝えられ、京都所司代や禁裏付にも連絡され、犯人の捜査が始まることとなりました。樋口家の近所に住む地下官人の内膳司濱島清平は自身の日記に「樋口三位寿康卿（50歳）が殺害された。妻ではないが妾も同様に斬殺された。何者の仕業かわからない。公卿の人が殺害されるというのは稀なことだ」と記しています。そして、同月4日には「樋口家での殺人事件のために30日間の［地穢］となった」とも記しています。この「地穢」とは、人などが亡くなりその血液が土地に付着したため、その土地が穢れたという発想です。当時はその穢れがなくなるにはある程度の日数がかかると考えられていました。そして、幕府による実況検分が始まりました。

　幕府による捜査が進む中で、驚くべきことに殺人事件に関わったのは、殺された寿康の実子である樋口功康（ことやす）と雑掌（公家の家における家老）の岡田重武たちであることが判明しました。当然、現在だったら殺人罪として逮捕されるところですが、功康は堂上公家の嫡子で正四位上の位階を持っており、雑掌の重武は樋口家に勤務するとともに滝口という地下官人を務めて朝廷に出仕し、正六位下左兵衛大尉（さひょうえのだいじょう）の官位を有していました。このような朝廷絡みの人物が関係する事件は、殺人罪であっても幕府は簡単に逮捕・裁判・処罰をすることはできません。まずは朝廷に公家としての身分を解消させてから、幕府は捕縛できることになります。今回の場合も朝廷が二人の官位を取り上げて、「洛外追放」を命じ、追放された段階で初めて幕府側が捕縛することとなりました。

　既述の地下官人の清平の日記には「功康朝臣は常に不行跡で心根が悪く、強情な気質がますます増しているので、官職と位階を止めて勘当された」という内容が書かれています。この殺人事件の結果、雑掌の重武は死罪となり、功康は隠岐へ遠島となりました。

　さらに清平は日記の中で次のように記しています。「昇殿を許された人が殺害されたことは稀のことだ。天正（てんしょう）の頃（1573～1592年）に家来が高倉家の当主を殺した事例がある。その頃、難波家でも同じような例があるがそれ以外は一切ない」。これらは 16 世紀の事例であり、実際には近世になっても堂上公家殺害事例はあるものの、非常に珍しい事件であったことがうかがえます。当時、江戸で商いをしていた藤岡屋由蔵が記した「藤岡屋日記」にもこの事件が記されていることから、広く知れ渡った一大スキャンダルだったものと思われます。

なお功康は隠岐配流のまま明治時代を迎え、明治 8 年（1875）に 54 歳になりました。彼はこの年に「侍養ノ妻妾ヲ迎ル」を明治新政府に依頼し、認められています。つまり、功康の世話をするための妻を娶ることとなったのです。

さて、いったいどうして功康は実父と妾を殺害したのでしょうか。妻を迎えることを明治新政府に求めた際、彼は事件について語っています。30 年以上経た段階なのでどこまで当時の心情や状況に合致しているかはわかりませんが、母とは異なる妾が樋口家に入り、彼女と対立したために雑掌とともに妾を殺害。そこに実父である寿康が現れたため、傷を負わせて死なせてしまったと供述しています。

そもそも
49

貧乏な公家と昇進事情

無理やり出世しようとした お公家さんがいたって本当？

天保7年（1836）12月4日、地下官人の内膳司濱島清平に息子が誕生します。清平は天保9年11月25日、まだ満2歳にもなっていない息子への官位叙任を求めるため、当時の関白・鷹司政通の家臣である高橋氏に内々で依頼します。しかも、息子が5歳であると偽っての相談でした。5歳で官位を得たさまざまな地下官人の事例を踏まえての依頼ですが、そもそも濱島家の場合は8歳で官位を得ることが「家例」となっているので、先例からも逸脱した話です。

当然、高橋からは「問題があるので見合わせた方がよい」「家例の通り8歳で申請した方が無難じゃないか」と告げられています。清平は日記の中で「貧乏人ゆえに賄賂を贈らなかったから、他の家の事例などがあっても認められなかったのだ」と嘆いています。

加えて、清平はこの当時の一つの話を日記に記しています。

「生火官人は金子200両を差し出したため、一代限りの蔵人所衆に取り立てられた。もし300両を差し出したならば、その後も蔵人所衆を務められるよう取り計らう関白の沙汰があった」と。そして、日記の最後には「全黄金之業ニて、誠ニ歎ヶ敷事也（まったくカネ次第であって、まことに嘆かわしいことだ）」と締め括っています。

ここに記された生火官人とは、主殿寮という儀礼の際に松明を扱うなどの仕事をする地下官人です。従来は従六位下に叙されていましたが、蔵人所衆に補されたことで従五位上にまで昇ることが可能となりました。実際、生火官人の岸昌明（画家の岸駒のこと）の場合、蔵人所衆に補された直後に従五位下へ進んでいます。昌明が実際に賄賂を贈ったか否かは確認できませんが、清平は自分の家は貧しく、賄賂がなかったために認められなかったと断じています。

また、天保11年には清平自身の位階昇進を目論んで、政通の家臣の種田氏に相談します。ところが「とても難しいことだという御沙汰です」と告げられ、諦めています。ここでも清平は「私が金銀を投じたならば許されるような官位昇進も貧乏人であるため叶わなかった。子孫は私の心中を察して欲しい」と述べています。

清平によるこの二つの要求のうち、前者の息子に対する官位叙任はそもそも無理のあるものでした。ただし、重要なのはそのような先例にない点も含めて、「黄金之業」で成し遂げられるような状況が近世後期の朝廷内部では横行していたことです。

では、この「黄金之業」と評価された関白の政通はどのような人物だったのでしょうか。政通は文政6年（1823）に関白に就任し、安政3年（1856）に辞職するまでの間、34年も在職しました。これほど長きにわたって朝廷運営を牛耳ったのは近世では政通だけです。妻の弟が水戸藩主の徳川斉昭（なりあき）であったことから、幕末の政治・外交の情報なども受け取っており、幕末の朝幕関係が大きく転換するのに重要な役割を果たした人物です。

地下官人・濱島清平

そもそも 50

公家の文化

「公家文化」ってどういうもの？

公家文化という言葉から連想されるものはなんでしょうか。例えば蹴鞠や和歌、雅楽だったり、あるいは「伝統文化」「日本古来の文化」みたいな言葉でイメージされるかもしれません。結論からいえば、多くの公家の文化は江戸時代に創出されたもので、そう古い伝統があるとはいえません。加えて、すべての公家が蹴鞠や和歌、雅楽のようないかにもな公家文化に通じているわけでもありません。

公家の文化は特定の家が代々継承してきた知識や技芸のことです。これを資料の中では「家業（かぎょう）」と記されています。歴史学では、公家に特化した視角だけでなく、家元制度の展開過程や近世身分制を明らかにするため、「家職（かしょく）」という表現でも用いられています。寛文（かんぶん）8年（1668）7月に刊行された「諸家家業（しょけかぎょう）」（『改定史籍集覧』）は、家格ごとの昇進次第・特定の家に世襲される官職、特定の家に継承される知識や技芸をまとめた書物です。19

の項目が立てられており、前半の８項目は家格ごと（摂関家・親王・清華家・大臣家・羽林家・名家・羽林名家之外・新家）に記され、後半の11項目は世襲の官職や学芸の分野ごと（神祇伯・和歌・文章博士・明経・能書・神楽・楽・蹴鞠・装束・陰陽道・外記史）に記されています。

先に多くの公家文化は江戸時代に創られたと述べましたが、中世以前から成立している家職もありました。そんな歴史ある家職をいくつかご紹介しましょう。

まず琵琶を家職とした西園寺（さいおんじ）家。13世紀後半に成立した雅楽の書物である『文机談（ぶんきだん）』に琵琶に長けていた西園寺家の先祖である藤原実宗（さねむね）・公経（きんつね）が掲載されており、また、公経の孫の公相は後深草（ごふかくさ）天皇の琵琶の師範を務めて、代々家職としました。近世の西園寺邸には音楽の神である妙音天（みょうおんてん）＝弁天様が祀られていました。

次に琴（和琴（わごん））・神楽を家職とした四辻（よつつじ）家。『秦筝相承血脈（しんそうそうじょうけちみゃく）』によれば14世紀の室町（四辻）季顕（すえあき）が義仁法（ぎにんほう）親王より秘曲を伝授され、季経（すえつね）は後土御門（ごつちみかど）天皇の師範を務めたそうです。近世に至って三方楽所（さんぽうがくそ）と称された宮中方、南都方（興福寺）、天王寺方（四天王寺）の雅楽を行う楽人たちを管轄していました。

次に和歌を家職とした三条西（さんじょうにし）家。中世の歌人である三条西実隆（さねたか）以来の「御所伝授（御所において『古今和歌集』の秘伝を伝授すること）」を相伝した家です。他に藤原定家（さだいえ）の末裔で代々歌人を輩出した冷泉（れいぜい）家もあります。

また、飛鳥井（あすかい）家は和歌とともに蹴鞠を家職としており、中世の『公武大体略記』には「専和歌・蹴鞠二道を家業とす」と記されています。

以上が「伝統文化」としての公家家職です。このように代々受け継がれてきた家職がある一方で、文禄期（1592～1596年）以降に神楽・雅楽に関する技芸を持つ家が増加しました。豊臣政権による堂上公家の増加（分家・再興）政策も見られることから、豊臣政権が神楽・雅楽の技芸に優れた堂上公家を必要としていたことがうかがえます。実際、豊臣秀吉は織田信長や徳川家康と異なり、戦勝祈願や病気平癒のために天皇・朝廷の内侍所神楽を頻繁に利用していました。秀吉の内侍所を利用した天皇・朝廷利用が公家の増加と「伝統文化」の創出に一役買ったといえます。

おわりに

公家は、必ずしも研究が多い分野ではありません。刊行されている書籍の中でも非常に読みやすく、時代の流れに沿って公家が論じられている本を紹介しておきましょう。

高埜利彦『江戸幕府と朝廷』（山川出版社日本史リブレット、2001年）
高埜利彦 編『身分的周縁と近世社会　8　朝廷をとりまく人びと』（吉川弘文館、2007年）

前者は近世の天皇・朝廷と幕府との間の政治史を通史で論じつつ、その中で公家がどのように活動したかがうかがえる本です。後者は堂上公家や地下官人とともに朝廷という空間にいたさまざまな存在を具体的に描いた本です。また、回顧録ですが、以下も挙げられます。

下橋敬長『幕末の宮廷』（平凡社東洋文庫、1979年）

この本は幕末に摂関家一条家の家臣を務めた人物の近代の回顧録です。扱う時代は幕末に限っていますが、近世を生きた人物の眼差しから公家を理解することができるものと思います。
近世の公家に関してはまだわからないことが多いです。それは公家たちの資料が残っていないからではなく、逆に残りすぎていて、どこから手を付けたらいいかわからないという点も挙げられます。例えば、筆者が勤める国文学研究資料館にも公家の古文書として、久世家文書2300点、平松家文書2076点などを所蔵しています。これらの古文書の中には、まだ知られていない重要な公家研究の課題が眠っています。興味があれば国文学研究資料館の閲覧室に来て、これらの古文書に触れてみるか、ホームページの「収蔵歴史アーカイブズデータベース」から一部の画像公開をしているので、のぞいてみてはいかがでしょうか。

紙幅の都合で参考文献にあげられなかった多くの著書・論文があります。ぜひ『史学雑誌』という雑誌で毎年「回顧と展望」という特集を組んでいるのでそちらをご確認ください。

ちなみにルビは主に『国史大辞典』(吉川弘文館)、地名は『日本歴史地名体系』(平凡社)に従っています。

本書執筆には現代書館の菊地泰博氏、雨宮由李子氏に大変お世話になり、イラストを西野春奈氏にご担当いただきました。

心よりお礼を申し上げます。

西村慎太郎

◉ 参考文献

石上英一・永原慶二・村井章介・吉村武彦・高埜利彦・水林彪・義江彰夫『講座前近代の天皇　2　天皇権力の構造と展開その 2』(青木書店、1993 年)

井上智勝『近世の神社と朝廷権威』(吉川弘文館、2007 年)

上田長生『幕末維新期の陵墓と社会』(思文閣出版、2012 年)

奥野高廣『戦国時代の宮廷生活』(続群書類従完成会、2004 年)

久保貴子『近世の朝廷運営』(岩田書院、1998 年)

佐藤雄介『近世の朝廷財政と江戸幕府』(東京大学出版会、2016 年)

菅原正子『中世公家の経済と文化』(吉川弘文館、1998 年)

杣田善雄『幕藩権力と寺院・門跡』(思文閣出版、2003 年)

高木博志『近代天皇制の文化史的研究』(校倉書房、1997 年)

高埜利彦『近世日本の国家権力と宗教』(東京大学出版会、1989 年)

高埜利彦『江戸幕府と朝廷』(山川出版社、2001 年)

高埜利彦『近世の朝廷と宗教』(吉川弘文館、2014 年)

田中暁龍『近世の公家社会と幕府』(吉川弘文館、2020 年)

長坂良宏『近世の摂家と朝幕関係』(吉川弘文館、2018 年)

西村慎太郎『近世朝廷社会と地下官人』(吉川弘文館、2008 年)

登谷伸宏『近世の公家社会と京都』(思文閣出版、2015 年)

橋本政宣『近世公家社会の研究』(吉川弘文館、2002 年)

橋本政宣 編『公家事典』(吉川弘文館、2010 年)

橋本政宣 編『近世武家官位の研究』(続群書類従完成会、1999 年)

林大樹『天皇近臣と近世の朝廷』(吉川弘文館、2021 年)

深谷克己『深谷克己近世史論集　3　公儀と権威』(校倉書房、2009 年)

藤田覚『近世政治史と天皇』(吉川弘文館、1999 年)

松田敬之『次男坊たちの江戸時代』(吉川弘文館、2008 年)

宮地正人『天皇制の政治史的研究』(校倉書房、1981 年)

村和明『近世の朝廷制度と朝幕関係』(東京大学出版会、2013 年)

山口和夫『近世日本政治史と朝廷』(吉川弘文館、2017 年)

平井誠二「武家伝奏の補任について」(『日本歴史』422、1983 年)

松澤克行「近世の公家社会」(『岩波講座　日本歴史 12　近世 3』岩波書店、2014 年)

◉ 堂上公家の家格

家格	
摂関家（五摂家）	近衛、九条、一条、二条、鷹司
清華家	今出川（菊亭）、大炊御門、花山院、久我、西園寺、三条、醍醐、徳大寺、広幡
大臣家	正親町三条（嵯峨）、三条西、中院
羽林家	飛鳥井、姉小路、阿野、油小路、綾小路、石山、今城、入江、岩倉、石野、植松、梅園、梅溪、裏辻、正親町、大原、大宮、小倉、押小路、愛宕、風早、河鰭、櫛笥、久世、桜井、滋野井、四条、七条、清水谷、持明院、園、園池、高丘、高倉（藪）、高野、高松、千種、中園、中山、難波、西大路、西四辻、庭田、野宮、橋本、八条、花園、東久世、東園、樋口、藤谷、堀河、町尻、松木、水無瀬、壬生、山科、山井、山本、四辻、上冷泉、下冷泉、六条、六角、鷲尾、武者小路
名家	池尻、梅小路、裏松、岡崎、交野、勘解由小路、勧修寺、烏丸、甘露寺、北小路、芝山、清閑寺、竹屋、堤、外山、豊岡、中御門、長谷、葉室、日野、日野西、平松、広橋、坊城、穂波、万里小路、三室戸、柳原
半家	五辻、石井、唐橋、北小路、清岡、倉橋、桑原、五条、澤、慈光寺、白川、高倉、高辻、竹内、土御門、富小路、錦小路、西洞院、錦織、萩原、東坊城、藤井、藤波、伏原、舟橋、吉田

◉ 官位相当表

公卿→ | ←公家

官職＼位階	正一位	従一位	正二位	従二位	正三位	従三位	正四位 上	正四位 下	従四位 上	従四位 下	正五位 上	正五位 下	従五位 上	従五位 下	正六位 上	正六位 下
神祇官										伯				大副	少副	
太政官	太政大臣		右大臣 左大臣	内大臣	大納言	中納言		参議	右大弁 左大弁		右中弁 左中弁	右少弁 左少弁		少納言	大史 大外記	
中務省							卿				大輔		少輔	大監物 侍従	大丞 大内記	
式部省・治部省・民部省・兵部省・刑部省・大蔵省・宮内省								卿				大判事 大輔		少輔		中判事 大丞
中宮職・大膳職・左右京職・修理職・春宮坊							東宮傅			大夫	大膳大夫			東宮学士 亮		
大舎人寮・図書寮・内蔵寮・縫殿寮・内匠寮・大学寮・雅楽寮・玄蕃寮・諸陵寮・主計寮・主税寮・木工寮・左右馬寮・兵庫寮													頭	文章博士		明経博士 助
陰陽寮・大炊寮・主殿寮・典薬寮・掃部寮・斎宮寮														頭		斎宮助 侍医
正親司・内膳司・造酒司・東西市司・囚獄司															内膳奉膳 正	
隼人司・織部司・采女司・主水司・舎人監・主膳監・主蔵監・主殿署・主工署・主馬署																（司）正
左右衛門府・左右兵衛府・左右近衛府						近衛大将				近衛中将 兵衛督 衛門督		近衛少将	兵衛佐 衛門佐		近衛将監	
蔵人所			別当				頭				五位				六位	
検非違使・勘解由使・按察使・弾正台						伊			別当	大弼 按察使 勘解由長官		少弼	佐	勘解由次官	大忠	少忠
大宰府・鎮守府						帥				大弐	少弐		将軍			大監
国司（大国・上国・中国・下国）													大国守	上国守		中国守 大国介
斎院司														長官		
後宮					尚蔵	尚侍	尚縫 尚膳		典蔵 典侍				典縫 典膳 掌侍		尚酒 尚殿 尚書	

従六位		正七位		従七位		正八位		従八位		大初位		少初位	
上	下	上	下	上	下	上	下	上	下	上	下	上	下
大佑	少佑						大史	少史					
		少史 少外記											
少丞		大縁 少内記	大主鈴 少監物	監物主典	大典鑰	少主鈴 少録		少典鑰					
少丞	大主鑰 少判事	大録	判事大属		少主鑰	少録	判事少属						
大進	大膳大進 京大進 少進	大膳少進 京少進					大属	少属					
			明法博士 助教 大允	算博士 書博士 音博士 少允				大属	少属				
助			天文博士 陰陽博士 医博士 斎宮大允	針博士 暦博士 陰陽師 斎宮少允 典薬少允 大允	医師 漏刻博士 少允			斎宮属	大属	少属			
					内膳典膳 佑					令史 正親大令史 囚獄大令史	少令史		
正	(署)首					佑	佑				令史	令史	(署)令史
大尉		少尉			近衛少曹		大志	少志					
	六位												
大尉	勘解由判官	大疏 小尉			勘解由主典	少疏	大志	少志					
少監	大判事	大典 少判事 大工	軍監			少工 医師 算師 少典		軍曹					
上国介	下国守		大国大掾	上国掾 大国少掾		中国掾		大国大目	下国掾 上国目 大国少目		中国目	下国目	
次官				判官					主典				
尚酒 尚殿 尚書				尚水 尚薬 典書 尚掃 尚閫 尚兵 掌蔵		掌縫 典酒 典水 典掃 典殿 典閫 典兵 典薬							

［著者］西村 慎太郎（にしむら・しんたろう）

1974 年、東京都青梅市生まれ。
国文学研究資料館教授。博士（史学）。
著書は、『近世朝廷社会と地下官人』（吉川弘文館、2008 年）、『宮中のシェフ、鶴をさばく』（吉川弘文館、2012 年）、『シリーズ藩物語　生実藩』（現代書館、2017 年）、『「大字誌浪江町権現堂」のススメ』（いりの舎、2021 年）。

［イラスト］西野 春奈（にしの・はるな）

関西学院大学大学院文学研究科博士前期課程（日本史学）修了後、私立四天王寺高等学校・中学校などの教壇に立つ。
現在は春之助名義でブログ「イラストで学ぶ楽しい日本史」を執筆。

そもそもお公家さんってなに？

近世公家のライフ＆ワーク

2023 年 3 月 11 日　第一版 第一刷

著　者　西村 慎太郎
発行者　菊地泰博
発行所　株式会社現代書館
〒 102-0072　東京都千代田区飯田橋 3-2-5
電話 03-3221-1321　FAX 03-3262-5906
振替 00120-3-83725
http://www.gendaishokan.co.jp/

印刷所　平河工業社（本文）
東光印刷所（カバー・表紙・帯）
製本所　鶴亀製本
装　幀　大森裕二
DTP　竹中誠
カバー・本文イラスト・編集協力　西野春奈
校正協力　高梨恵一

ISBN978-4-7684-9203-1